「十四五」国家重点图书出版规划项目

国家社会科学基金重大项目「中国近代日记文献叙录、整理与研究」（项目编号：18ZDA259）阶段性研究成果

中国近现代稀见史料丛刊【第九辑】

张剑　徐雁平　彭国忠　主编

袁士杰年谱　黄子珍年谱

（清）袁士杰　黄璜　著

高惠　整理

本辑执行主编　彭国忠

凤凰出版社

图书在版编目（ＣＩＰ）数据

袁士杰年谱 /（清）袁士杰著；高惠整理. 黄子珍
年谱 /（清）黄璜著；高惠整理. -- 南京：凤凰出版
社，2022.10
（中国近现代稀见史料丛刊. 第九辑）
ISBN 978-7-5506-3728-3

Ⅰ. ①袁… ②黄… Ⅱ. ①袁… ②黄… ③高… Ⅲ.
①袁士杰－年谱②黄子珍－年谱 Ⅳ. ①K820.49

中国版本图书馆CIP数据核字(2022)第176263号

书　　　　名	袁士杰年谱　黄子珍年谱	
著　　　者	（清）袁士杰　黄　璜　著	
	高　惠　整理	
责 任 编 辑	张永堃	
特 约 编 辑	蔡谷涛	
装 帧 设 计	姜　嵩	
出 版 发 行	凤凰出版社(原江苏古籍出版社)	
	发行部电话 025-83223462	
出 版 社 地 址	江苏省南京市中央路165号,邮编:210009	
照　　　排	南京凯建文化发展有限公司	
印　　　刷	江苏凤凰通达印刷有限公司	
	江苏省南京市六合区冶山镇,邮编:211523	
开　　　本	880毫米×1230毫米　1/32	
印　　　张	6	
字　　　数	156千字	
版　　　次	2022年10月第1版	
印　　　次	2022年10月第1次印刷	
标 准 书 号	ISBN 978-7-5506-3728-3	
定　　　价	78.00元	
	(本书凡印装错误可向承印厂调换,电话:025-57572508)	

存史鑒今

袁行霈題

袁行霈先生題辞

「音实难知，知实难逢，逢其
知音，千载其一乎！」（《文心雕龙·
知音》）今读新编稀见史料丛
刊，真有治学知音之感大。

傅璇琮谨书

二〇一三年

傅璇琮先生题辞

殫精竭慮旁搜遠紹

重新打造中華文史資

料庫

王水照 二〇一三年一月

王水照先生題辞

《中国近现代稀见史料丛刊》总序

在世界所有的文明中,中华文明也许可说是"唯一从古代存留至今的文明"(罗素《中国问题》)。她绵延不绝、永葆生机的秘诀何在?袁行霈先生做过很好的总结:"和平、和谐、包容、开明、革新、开放,就是回顾中华文明史所得到的主要启示。凡是大体上处于这种状况的时候,文明就繁荣发展,而当与之背离的时候,文明就会减慢发展的速度甚至停滞不前。"(《中华文明的历史启示》,《北京大学学报》2007 年第 1 期)

但我们也要清醒看到,数千年的中华文明带给我们的并不全是积极遗产,其长时段积累而成的生活方式与价值观具有强大的稳定性,使她在应对挑战时所做的必要革新与转变,相比他者往往显得迟缓和沉重。即使是面对佛教这种柔性的文化进入,也是历经数百年之久才使之彻底完成中国化,成为中华文明的一部分;更不用说遭逢"数千年来未有之变局"、"数千年未有之强敌"(李鸿章《筹议海防折》),"数千年未有之巨劫奇变"(陈寅恪《王观堂先生挽词序》)的中国近现代。晚清至今虽历一百六十余年,但是,足以应对当今世界全方位挑战的新型中华文明还没能最终形成,变动和融合仍在进行。1998 年 6 月 17 日,美国三位前总统(布什、卡特、福特)和二十四位前国务卿、前财政部长、前国防部长、前国家安全顾问致信国会称:"中国注定要在 21 世纪中成为一个伟大的经济和政治强国。"(徐中约著《中国近代史》上册第六版英文版序,香港中文大学 2002 年版)即便如此,我们也不能盲目乐观,认为中华文明已经转型成功,相反,中华文明今天面对的挑战更为复杂和严峻。新型的中华文明到底会怎样呈现，又怎样具体表现或作用于政治、经济、文化等层面，人们还在不断探索。这个问题，我们这一代恐怕无法给出答案。但我们坚信，在历史上曾经灿烂辉煌的中华文明必将凤凰浴火，涅槃重生。这既是数千年已经存在的中华文明发展史告诉我们的经验事实，也是所有为中国文化所化之人应有的信念和责任。

不过，对于近现代这一涉及当代中国合法性的重要历史阶段，我们了解得还过于粗线条。她所遗存下来的史料范围广阔，内容复杂，且有数量庞大且富有价值的稀见史料未被发掘和利用，这不仅会影响到我们对这段历史的全面了解和规律性认识，也会影响到今天中国新型文明和现代化建设对它的科学借鉴。有一则印度谚语如是说："骑在树枝上锯树枝的时候，千万不要锯自己骑着的那一根。"那么，就让我们用自己的专业知识与能力，为承载和养育我们的中华文明做一点有益的事情——这是我们编纂这套《中国近现代稀见史料丛刊》的初衷。

书名中的"近现代"，主要指 1840—1949 年这一时段，但上限并非以一标志性的事件一刀切割，可以适当向前延展，然与所指较为宽泛的包含整个清朝的"近代中国"、"晚期中华帝国"又有所区分。将近现代连为一体，并有意淡化起始的界限，是想表达一种历史的整体观。我们观看社会发展变革的波澜，当然要回看波澜如何生，风从何处来；也要看波澜如何扩散，或为涟漪，或为浪涛。个人的生活记录，与大历史相比，更多地显现出生活的连续。变局中的个体，经历的可能是渐变。《丛刊》期望通过整合多种稀见史料，以个体陈述的方式，从生活、文化、风习、人情等多个层面，重现具有连续性的近现代中国社会。

书名中的"稀见"，只是相对而言。因为随着时代与科技的进步，越来越多的珍本秘籍经影印或数字化方式处理后，真身虽仍"稀见"，化身却成为"可见"。但是，高昂的定价、难辨的字迹、未经标点的文本，仍使其处于专业研究的小众阅读状态。况且尚有大量未被影印或数字化的文献，或流传较少，或未被整合，也造成阅读和利用的不便。因此，《丛刊》侧重选择未被纳入电子数据库的文献，尤欢迎整理那些辨识困难、断句费力、裒合不易或是其他具有难度和挑战性的文献，也欢迎整理那些确有价值但被人们习见思维与眼光所遮蔽的文献，在我们看来，这些文献都可属于"稀见"。

书名中的"史料"，不局限于严格意义上的历史学范畴，举凡日记、书信、奏牍、笔记、诗文集、诗话、词话乃至序跋汇编等，只要是某方面能够反映时代政治、经济、文化特色以及人物生平、思想、性情的文献，都在考虑之列。我们的目的，是想以切实的工作，促进处于秘藏、边缘、零散等状态的史料转化为新型的文献，通过一辑、二辑、三辑……这样的累积性整理，自然地呈现出一种规模与气象，与其他已经整理出版的文献相互关联，形成一个丰茂的文献群，从而揭示在宏大的中国近现代叙事背后，还有很多未被打量过的局部、日常与细节；在主流周边或更远处，还有富于变化的细小溪流；甚至在主流中，还有旋涡，在边缘，还有静止之水。近现代中国是大变革、大痛苦的时代，身处变局中的个体接物处事的伸屈、所思所想的起落，借纸墨得以留存，这是一个时代的个人记录。此中有文学、文化、生活；也时有动乱、战争、革命。我们整理史料，是提供一种俯首细看的方式，或者一种贴近近现代社会和文化的文本。当然，对这些个人印记明显的史料，也要客观地看待其价值，需要与其他史料联系和比照阅读，减少因个人视角、立场或叙述体裁带来的偏差。

知识皆有其价值和魅力，知识分子也应具有价值关怀和理想追求。清人舒位诗云"名士十年无赖贼"（《金谷园故址》），我们警惕袖手空谈，傲慢指点江山；鲁迅先生诗云"我以我血荐轩辕"（《自题小像》），我们愿意埋头苦干，逐步趋近理想。我们没有奢望这套《丛刊》产生宏大的效果，只是盼望所做的一切，能融合于前贤时彦所做的贡献之中，共同为中华文明的成功转型，适当"缩短和减轻分娩的痛苦"（马克思《资本论》第一卷第一版序言）。

　　《丛刊》的编纂,得到了诸多前辈、时贤和出版社的大力扶植。袁行霈先生、傅璇琮先生、王水照先生题辞勖勉,周勋初先生来信鼓励,凤凰出版社姜小青总编辑赋予信任,刘跃进先生还慷慨同意将其列入"中华文学史史料学会"重大规划项目,学界其他友好也多有不同形式的帮助……这些,都增添了我们做好这套《丛刊》的信心。必须一提的是,《丛刊》原拟主编四人(张剑、张晖、徐雁平、彭国忠),每位主编负责一辑,周而复始,滚动发展,原计划由张晖负责第四辑,但他尚未正式投入工作即于 2013 年 3 月 15 日赍志而殁,令人抱恨终天,我们将以兢兢业业的工作表达对他的怀念。

　　《丛刊》的基本整理方式为简体横排和标点(鼓励必要的校释),以期更广泛地传播知识、更好地服务社会。希望我们的工作,得到更多朋友的理解和支持。

2013 年 4 月 15 日

目　录

前言·· 1

凡例·· 1

袁士杰自撰年谱一卷·································· 1

黄子珍先生年谱·································· 121

前　言

一

　　《袁士杰自撰年谱》,稿本,收录于《上海图书馆藏珍本年谱丛刊续编》第33册,为晚清士人袁士杰自撰。该年谱由两部分组成,第一部分为袁士杰自订年谱,第二部分为后人增补有关"思永祀"内容。根据年谱首页自题,此书始编于同治九年(1870),年谱部分写定于同治十一年(1872)。年谱起始时间为道光五年(1825),迄于同治十一年袁士杰四十八岁之时,其中缺少道光十六年(1835)至二十一年(1841)七年间年谱。第二部分有《思永祀序》《思永祀历代葬娶生卒开具于后》《思永祀规则》,据《思永祀序》所载,袁士杰卒于同治十二年(1873),则十一年之后的《思永祀序》等内容为后人增补,因此总书写定时间为光绪元年(1875)。袁士杰年谱中存有较多日记文献,年月日明确,事件详细,乃当时谱主自撰年谱时撮取日记内容整理编写而成,年谱中亦多处有"详日记"的记录。

　　袁士杰生于道光五年(1825),卒于同治十二年(1873),浙江鄞县人。宁波袁氏自宋以来乃当地文化望族,至晚清时,袁士杰家族经营商贾,留有商贾基业,其年谱中保存家族经商与祖产诸类事宜。袁士杰生于晚清政治经济格局变易之中,年谱中另有部分详尽记载清末战争等重要事件。因而此年谱不仅在形式上兼具日记与年谱双重形态特征,亦于内容上展示晚清士人的日常与家族世界。

　　(一)文化与商贾之家

　　袁士杰家族世代居宁波城南,宁波鄞县袁氏乃当地望族,袁士杰一支城南袁氏自宋以来便是文化世家,其先祖宋代袁燮乃浙东四明学派代表之一"絜斋先生",袁士杰曾为其辑《袁正献公遗文钞》。此于袁士杰年谱中亦有记录[①]:

> (同治九年十二月)三十三日甲申,雨,同士颖至铁耕斋检新刻《絜斋集》板,归至伊家检正藏好。是集始刻于己巳五月七日,至庚午十二月四日成,校对经四五次,而搜求遗文、校勘舛讹,皆余一手,而徐子定之。尚有《补遗》一卷,因从祀颂未缴齐,俟之同刻。

> (同治十年十月)自十八日乙亥,晴,至二十二日己卯,晴,抄《絜斋集》遗文及校勘。二十五日壬午,雨,至廿八日乙酉,晴,抄《从祀文庙颂》。

《袁正献公遗文钞序》中称袁燮于同治七年从祀文庙,"襄臣奔走尤力"[②],而事实上袁士杰为先祖从祀文庙之事自咸丰七年(1857)年便开始张罗,与族人奔走相商,筹集经费,查阅书籍,占卜吉凶,撰写事实册,拟请上奏,拟定章程,后请人撰写《从祀颂》,整理袁燮遗文,前后时间逾十年。

> (咸丰七年)二月十六日戊戌,至穆公岭及绿野岙祭墓。即同虎文、丕烈二叔,鲁泉等入岙内寻觅形迹。见石器残缺,犹有可见者,断柱或砌路梯,或椽墙脚,照然明白。归舟与竹江、春

---

　　①　袁士杰《袁士杰自撰年谱》,光绪元年稿本,《上海图书馆藏珍本年谱丛刊续编》影印。

　　②　张寿镛《袁正献公遗文钞序》,袁燮《袁正献公遗文钞》,民国二十五年四明张氏约园刊刻。

芳、周煦，大堰头、瞰湖、海东诸宗人议请正献公从祀文庙事。①

（同治四年）余将请先正献公从祀文庙。五月十五日己酉，与士颖同至杜荣光处，占课以定成败。②

（同治四年）为从祀事，查书一年，并先抄史、志、传、状，并作从祀事实初稿，所阅书目在后。③

（同治六年）七月十六日，因办从祀，先赴省，寓厚丰钱庄。④

　　袁士杰年谱不仅对此次请袁氏先祖正献公从祀事经过记载详细，对祭祀章程、费用、人员、物品安排亦记载详尽，可窥见彼时先祖宗庙及家族荣光与传承对宗族社会的重要意义，亦能了解其中"如何操作"这一制度的具体实践过程。

　　鄞县袁氏发展至袁士杰父祖辈，已开始经商，其祖父袁鲲自小于绍兴习商贾业，存有薄资，便于宁波江东开阜昌米栈，袁士杰二伯父后将米栈扩充为米行，兄弟三人合开于宁波甬江之西。其父袁丕营则将分家所得千金交付兄弟三人，自己在外行商，"付仲、叔两兄，合资为米贾，而己商于外"⑤。袁丕营在外经商亦从事米粮行业，"将丰产区域的大米贩运宁波"⑥，贯穿江浙、广东、福建、四川等地，"先君是年贸米于无锡"⑦，"又继而服贾于上虞"⑧，自袁士杰祖父至其父伯辈的经商经历背后有"宁波帮"这一商业背景作为其历史动因，袁氏家族有阜昌、阜元米行，族中子弟习业于此多人，"前年（道光二十六年），弟瑞璋朝宝已进阜元米行学业"⑨，阜元米行主事者亦为袁士杰表兄。家族之外，年谱中记载商业往来事件较多⑩：

　　（道光二十二年）周氏于余家素……（原文缺毁）归，遂贷米

①②③④⑦⑨⑩　袁士杰《袁士杰自撰年谱》。
⑤⑧　徐时栋《城南袁君墓志铭》，《烟屿楼文集》卷二十一。
⑥　江怡《宁波民营经济史》，中国发展出版社，2018年，第379页。

本式千贯做森泰米栈。

　　（咸丰三年）三月间，瑞璋私做空盘，亏折本钱四十余贯。余自馆归，妹婿励毓秀钟告予，遂至阜元行，向知主事张鸿飞及副知马近思两表兄询问，不知也。及观用帐信，因告以故。

　　（同治元年）幸此时族叔丕烈已开有三钱庄，借洋二十元，以杏仁二包抵押，又各处谋之，始得殡葬。

　　年谱所反映一方面为晚清宁波商业作为"宁波帮"及浙系的繁荣之况，年谱亦提及钱庄、银号等多处；另一方面借由袁氏家族从商经历与袁士杰年谱详尽的记载，可管窥家族经济之于宁波商业局面形成的重要作用。

　　（二）一个晚清人遭遇太平军事件始末

　　袁士杰年谱自咸丰七年（1857）始有出现关于太平军至浙江的记载，以咸丰十年（1860）至同治三年（1864）年间记载尤多。咸丰十年二月二十六日，杭州城陷，宁波吃紧，袁士杰记载当时情状，"北关门外以及城中房至焚毁，不计其数，百姓死者七万余人"[①]。攻克杭州后的太平军于次年由浙西转向浙东，占领嘉兴、金华，进军温州、台州。咸丰十一年（1861）年十月，嵊州与宁波之间的陈公岭失守，宁波自鸦片战争后为通商口岸，宁波江北岸留有帝国列强的"租界"，时宁波城往北渡铺有大桥，城中文员武弁、富商纷纷避难，"夷人受贿与通。至十月终，夷驶小轮船往北渡，受赇并降约款"[②]，袁士杰记载中，十一月一日，太平军攻进宁波城，至十一月十四日，半月内于宁波城内掠取财物，袁士杰家于十二、十三日遭劫。袁士杰弟弟袁朝宝（字瑞璋）被掳走，同治元年（1862）二月因烂足放出。其母蔡孺人因遭乱扰，加之此前积忧成疾，同年二月三日溘然长逝。袁士杰奔走江北，向其族叔袁丕烈借银钱筹谋殡葬事，又"时贼未退，恐遭外虞，遂

_____

　　①②　袁士杰《袁士杰自撰年谱》。

于□□□日权厝于支家漕己地内,与亡室倪邻,得奉侍焉"①。袁士杰以民间之眼记述太平军来临时,普通百姓如何在战乱烛火中求得一息生存,战乱中的生老病死既稀松平常,又怆然无力。

袁士杰亦记录清军同英、法联军联合与太平军在宁波发生水战:

> 先是,陈鱼门招募广艇,兵勇自措粮饷,请提道府县各驻舟山,并归夷人银洋,同心击贼。……四月十二日辰,本勇船及广艇、夷船俱由白沙至三江口,至盐仓门江中停泊。夷船住内,本勇船及广艇驶在夷船之外,络绎往来,开炮轰击。每出数炮,勇船及广艇退近夷船,以避贼炮。时夷人犹持两端,至午后贼炮适中夷舟,船主被伤,夷人遂发大炮,共相奋击,一炮中范贼首署中,贼人胆碎。②

而后太平军撤离,袁士杰笔下宁波乡民由于曾遭太平军荼毒抢夺,民怨沸腾,积恨已久,"各持梃击贼,或死于水,或死于田,露身赤足,犹前日剽劫之报也,可知天下事,转败为功,只争一心,而天时总由人事也"③。从其年谱看,战争极其惨烈,在当时其他记录中亦可见民众相击抗击太平军,如《辛酉琐记》记此战役"西门外居民衔恨已久,晨闻炮声已各操戈以俟,思得一泄其忿。至申刻,贼果出奔,遂群起邀截,沿路劫杀,贼尸遍野,较死于炮者更多。"④

咸丰十一年底,慈禧发动辛酉政变,掌握统治实权。此后,慈禧与英、法列强联合镇压太平天国起义乃为此次宁波水战之政治导向。然而,尽管后世的定性与描述中,太平军作为起义军无论自身局限如何,其占领宁波后抗击帝国列强一事从历史与民族角度始终是正义

---

①②③ 袁士杰《袁士杰自撰年谱》。

④ 柯超《辛酉琐记》,庄建平主编《近代史资料文库》,上海书店出版社,2009年,第804页。

之举,以至于太平军战败从宁波撤离后,彼时《香港日报》对此责之以公义,"再没有比联军从太平军手里夺取宁波的行动更荒谬、更无理、更不义的了。我们应该公正地把英国皇家兵舰丢乐德克舰长的永垂不朽的可耻行为载于史册"。① 然而,袁士杰年谱中从称呼至描述可见其情感与认知倾向,称呼太平军为"发贼""粤匪",其言语中对清军同英法联军协力抗击太平军带有肯定与庆幸意味,皆因其完全以普通民众的遭遇叙述,其经历的小人物之痛由此被撕开裂口。同年七月,太平军复至,袁士杰被掳走,一路从新昌嵊州至萧山,直至次年正月,方才逃归,历百六十日。袁士杰记录此行中与太平军周旋,为其管理奉、鄞二县被掳乡民,并为遭受刺面者劝免等详情。袁氏描述一路所见遭遇战火侵袭后的浙地满目疮痍,"一路经过之处,伤心惨目,不忍言状。屋宇零落,或仅立颓垣;人口死亡,或惟存老妇。数百里内,多塞路荆榛;千万户中,少应门齠龀"②,亦因此起过一死了之的念头。袁士杰笔下的战争书写并无慷然愤慨之气,其大多对于事件记述保持一种平静叙述口吻,即使人们可以想见战争情状。然也正因如此,观之年谱(其实是日记)实可作为"一个晚清人遭遇太平军事件始末",也更能抛开复杂的历史动因与世界格局,展现真实的民间。

《袁士杰自撰年谱》对家族商贾与宁波商业反映及战争书写,都完备详尽。此外,袁士杰精研周易,熟稔占卜,年谱中亦有此类活动的记载,围绕占卜发生的事件前因后果亦叙述详尽,更有完整的签文、爻辞、断语和图示,有些求签问卜之后,袁士杰会增记断语应验的成效,乃为占卜活动所作注脚。例如,袁士杰遭遇太平军时,太平军于宁波鄞、奉二邑掳走乡民,袁士杰亦在其中,后其随太平军一路辗

---

① （英)呤唎著,王维周译《太平天国革命亲历记》,上海古籍出版社,1985年,第441页。

② 袁士杰《袁士杰自撰年谱》。

转到萧山,某夜趁众人不备,身着太平军衣服深夜逃走。袁士杰在记录此事时追忆,是年六月一日,其曾前往城隍庙求签问神,占卜流年,签文及解语提示"飞禽折翼笼中牢,地网天罗何处逃","怪石滩头水急流,舟行倒峡过咽喉",意为有灾祸和难关要度,但最终会逢凶化吉,"病虽危,祈神佑。讼脱灾,子有救。欲安全,待秋后"①。袁士杰占卜此签后曾感惊惧万分,等遭遇太平军一祸后,方有后知后觉之感,"余得签大惧,及被害,余因悟。数已前定,且无大害,又子被掳未见,故得相机行事,得保性命也"②。此类记述可视为清代占卜活动在年谱中的一种实践展示,也反映出占卜活动在日常生活之运用,既有易学的文化传统,又融合民间信仰的土壤。

另年谱中关于乡试试题、阅读书目等也多处涉及,更有"纪病""纪梦"等对生病、做梦内容的特地汇总。袁士杰年谱拥有"自撰"与"日记"之双重特征,年谱中人物事件皆具备年月日甚至具体至某一时刻,其对历史时代、宗族社会与地域性有充分的揭示,完整地构建出一个自我书写的时间序列与空间日常;又因编写年谱而非随时记录日记,其中亦包含对往事的增补、追忆与反思。

二

《黄子珍先生年谱》,稿本,收录于《上海图书馆藏珍本年谱丛刊续编》第 37 册,谱主为晚清浙江台州金石家、藏书家黄瑞。年谱由其弟黄璜③编订,台州洪涤怀(1900—1998)④补订。此年谱始于道光十

---

①② 袁士杰《袁士杰自撰年谱》。

③ 黄璜,字子渔,台州临海人,工绘山水,好拓金石碑版,亦能诗。

④ 洪涤怀,字宇刚,台州临海人,号小寒山人。其乃吴派太极宗师吴鉴泉入室弟子,为吴氏太极第三代传人,与马子良一同被称为武林界的"洪(红)鬃烈马"。洪涤怀除武术造诣外,其于浙江台州的文物抢救亦有功劳。解放后,洪涤怀与浙江名人项士元一同走访文物古迹,为台州征集保存大量文物古籍。

六年(1836),迄于光绪十五年(1889),即黄子珍生卒年。年谱后附有黄子珍弟黄璜、黄璕所作《黄子珍先生行略》、项士元《秋籁阁访书记》,此整理本后另有笔者搜集的《临海县志》《台州府志》中黄子珍人物小传、项士元发表于《浙江省通志馆刊》的另外两篇文章《临海黄子珍生平及其著作》与《秋籁阁藏书记》①等多篇与谱主相关资料。

　　黄瑞,字玉润,号子珍,一号蓝叔,另有别号"述思斋主人"。黄子珍乃台州藏书家,藏书众多,尤好金石文献,其藏书斋名为"述思"。咸丰十年(1860)四月,时任浙江督学的张锡庚(?—1861)至台州考校士子,黄子珍以《花亨泰赋》录取。次年,张锡庚再至台州,将自己兄长女儿张娴许配给黄子珍。黄子珍尤爱乡邦掌故,耗尽心力搜集、整理、编纂乡邦文献八十余部上千卷,刊刻出版唯有《台州金石录》《三台名媛诗辑》两种,其余各稿抗战前由项士元与黄璜后裔黄懋民商量存放于临海县图书馆,解放后归台州专区文物管理委员会,后由临海县文物管理小组保存,即今临海市博物馆。《黄子珍先生年谱》中保存较多书序文与唱和诗文,黄璜编订时采撷其兄及友人之间所写序跋、诗文,保存完成篇目于年谱中,因此该年谱可谓一种书序与诗文的选集。

　　(一)述思斋与秋籁阁

　　上文稍提,述思斋乃黄子珍藏书之所,其命名"述思"意在取司马迁"述往事思来者"之孤怀闳识,王棻(1828—1899)②《述思斋记》有语云:"虽郡国异制,作述异才,譬诸草木能无区别,然以一郡之书,援历朝国史之例,前者存其旧,后者增其新。无攘善之嫌,而有信而好

---

　　①　项士元于《浙江省通志馆刊》共发表三篇有关黄子珍及其藏书的文章,其中一篇《秋籁阁之残影》(1935年,第4卷第6期)由洪涤怀补订时增入,即年谱中《秋籁阁访书记》。其余两篇《临海黄子珍生平及其著作》《秋籁阁藏书记》分别发表于1945年第1卷第1期和第3期。

　　②　王棻,字子庄,号耘轩,台州黄岩人。

古之美,此其守先待后之思,一室千秋之感。殆与史公异趣而归
矣。"①此明言黄子珍藏书室对于乡邦文献收藏编述之功,以一朝国
史编纂为例,将著述千古的宏愿倾注其中。此外,另有博学精思,明
通古今之用意亦在其中,"夫子曰:'述而不作。'盖作者新意而述,惟
旧章也。又曰:'学而不思则罔。'盖学所以博古今而思,所以贯之
也"②。进入述思斋内,可见黄子珍自署楹联"淡泊明志,宁静致远;
隐居放言,穷愁著书"。自斋出向东走,便可见黄子珍"爱日草堂",亦
为其藏书之所,藏书千卷,称"溪南书藏"。爱日草堂乃黄氏旧庐,黄
子珍名其为"爱日草堂",先是以其为事亲之所,取"孝子爱日"之意,
后作其藏书之所。爱日草堂左侧乃为黄子珍秋籁阁,亦为其藏书之
庐,自阁向南,可瞰佛窟等山。阁前有粟园,翠竹苍松,梅墅梨径,风
过习习,蓉桂齐芳。可见景致幽寂,项士元称其得山水之胜。此阁原
为黄子珍父亲藏书之所,"秋籁"之名得于临海江培(1831—1881)③。
咸丰十年(1860)秋,江培携人访黄子珍,此时正"竹树扶疏,金飚送
籁,萧瑟堪听"④,因此便题其阁为"秋籁阁"。蒲华⑤(1832—1911)等
人皆为其阁作图,王咏霓(1839—1916)⑥作序,孙衣言(1815—
1894)⑦书额。秋籁阁图卷因此集结黄子珍众多来阁论诗作画友人
题赠,"黄子生长松之阁,画而咏,有声自林际来,倾听之意,甚也。因

---

① 　王棻《述思斋记》,《柔桥文钞》卷十五,《清代诗文集汇编》707 册。

② 　王克恭《述思堂丛稿序》,黄璜编订《黄子珍先生年谱》。王克恭
(1828—1891),台州临海人,号未斋,著有《未斋著稿》。

③ 　江培,字浣秋,台州临海人,善书法,著有《愔愔琴德居诗草》。

④ 　黄璜编订《黄子珍先生年谱》。

⑤ 　蒲华,原名成,字作英,又字卓英、竹云、竹英,号胥山野史、种竹道人。
嘉兴秀水人。工书画,与任伯年、吴昌硕、虚谷并称清末"海上四杰"。

⑥ 　王咏霓,字子裳,号六潭,台州黄岩人。著有《函雅堂集》《道西斋日记》
《道西斋尺牍》。

⑦ 　孙衣言,字绍闻,号琴西,晚号逊坡,瑞安人。著有《逊学斋诗文钞》。

以'秋籁'名其阁,各家诗词甚多"①,因此秋籁阁除为黄子珍藏书之处外,亦是其隐居时与当时乡贤邑人、书画金石家等读书畅谈之所。据项士元曾经过访秋籁阁称,旧时秋籁阁四壁遍粘当时乡贤所作诗文,可谓盛观。

秋籁阁藏书逾千卷,黄子珍编订八十多种,乡贤著作四百多种,大多为海内孤本,更有金石、拓本、古砖等古物。黄子珍工篆刻,其有《秋籁阁印稿》,私印众多,有"秋籁阁主""华严山下人家""家居产圣村""黄瑞借读""一恨名山未游,二恨异书未读,三恨美人未遇""溪南书藏""金石刻画臣能为"等。宣统三年(1911)辛亥大水,爱日草堂与述思斋被淹毁,秋籁阁尚存,但多种书籍亦受水灾沦溺,腐烂毁坏严重。黄子珍曾自题《秋籁阁图》:"绕屋青山带雨痕,丛篁深处古乡村。故人想忆如相访,一叶扁舟直到门"②,可谓秋籁阁寥寥影迹似在眼前。

(二)"吾台"之乡邦情怀

黄子珍述思斋与秋籁阁藏书千卷,大多为黄子珍搜集台州乡邦文献,或整理或编著,"兄自幼留心桑梓,著书不下数百卷,皆为吾台志乘所必需,人皆无不知者"③。黄子珍编著台州掌故、金石文献、诗文书画甚夥,存有《康熙临海志补遗》八卷、《校勘记》二卷、《沿革表》一卷、《著录考》六卷、《金石录》四卷、《台州书画识》十卷、《台州金石录》二十四卷、《三台名媛诗辑》七卷、《词辑》一卷、《台故日札》三十五卷、《临海古迹记》十卷、《天台后集》十六卷、《赤城三集》三十二卷、《金鳌近集》一卷、《三台士族表》一卷、《台山访碑录》二卷、《两浙访碑录》一卷、《台郡诗辑》若干卷等书。此外,黄子珍辑录乡贤著述百种成《台海丛书》。

同治六年(1867),黄子珍之侄黄璜长子灵根眼睛生疾,黄子珍因照顾其子,终致劳成疾,双目落下病根,两年后,黄子珍因眼疾导致左

① 王咏霓《秋籁阁序略》,黄璜编订《黄子珍先生年谱》。
②③ 黄璜编订《黄子珍先生年谱》。

目失明。虽然黄子珍眼睛过劳致病,也有其精研金石,覃思不疲,用力甚勤的原因。黄子珍自左眼失明后,举业进取之心渐至懈怠,而转向隐居著述,搜集乡邦文献,编撰桑梓遗闻。黄子珍曾自作五古诗一章,一面追思失明之痛,一面传达乡邦情怀、著述之愿:

> 己巳正月望,左目痛欲颠。药物乃失利,仅得成偏安。……弃我举子业,思以空言传。陈书日上下,晋接皆前贤。平昔敬昔念,朝夕常拳拳。自分后死身,桑梓当仔肩。零笺拾坏壁,断碣搜荒烟。上自秦汉下,下自昭代先。有见必征录,只字肯弃捐。不敢掠人美,一一出处笺。日积而月累,涓滴方成渊。……此愿毋乃奢,此志实则坚。后起知为谁,千秋终茫然。未识在何日,用登大愿船。①

黄子珍对于乡邦文献搜集详备,历经寒暑,"荒城碎瓦,古寺残钟,艳语粉香,零章断玉,无不一一述之","至枯蝉山兔,鸟语虫珍,峭壁题名,苍崖古篆,有点画、有音韵者,无不搜罗剔抉,萃荟成书"②,"搜讨之勤,无间寒暑;有关桑梓者,莫不采录。故片纸只字,盈箱充笥。以至嵯岩、洞谷、古刹、荒祠、废冢、断碑、残碣,亦必亲往,一一摹拓为快"③,其间深具艰辛与甘苦。

黄子珍除自己出访搜罗外,亦与台州当时其他藏书家及衷情乡邦文献者常有往来,借钞其书,时王棻对台州文献掌故甚为熟稔,藏书亦多,黄子珍便从其处借典籍文献抄录备存,亦应洪颐煊小停云山馆后来馆主子霞之聘,"寝馈其间,课读数年"④,而利用此时之便,黄

---

① 黄璜编订《黄子珍先生年谱》。
② 王克恭《述思堂丛稿序》,黄璜编订《黄子珍先生年谱》。
③ 黄璜《黄子珍先生行略》,黄璜编订《黄子珍先生年谱》。
④ 项士元《秋籁阁藏书记》,《浙江省通志馆刊》1945年第1卷第3期。

子珍尽阅此地藏书,金石书画,名家手迹,并做札录。叶书(1847—1908)^①荫玉阁有万卷藏书,黄子珍曾拜访读书,并作抄录。同治十年(1871),临海知县黄敬熙召请诸生纂修县志,黄子珍于编纂间隙遍览郡邑文献,手抄潘日初^②三之斋、郭协寅(1767—?)^③八乾精舍等藏书,在台州诸多藏书家身后保存一地之掌故文存。其间自有黄子珍作为邑人对"吾台"一种深切的乡邦情怀,也是台州此地藏书家之间相互交流与传承的见证。与黄子珍相互往来众人,王棻、叶书等人皆为台州藏书大家,收藏文献众多,王棻为黄子珍《三台名媛诗辑》作序称:

> 忆余少时,则留意于乡邦之文献,而恨同志者无其人。既而数子者出,吾邑有王子裳、杨定夫诸君,临海则子珍为最。余与子裳、定夫皆好收藏乡辈遗书,而未遑撰述。唯子珍购觅借抄,兼攻铅椠,盖未十年而所编著者已百十余卷矣。^④

"吾台"的乡邦情感作为纽带将黄子珍诸人相连,对桑梓文献之留意与搜集也成为其间交往、互赠序文的契机,对台州文献的追述与梳理曾是其共同的责任与大愿。黄子珍编订台州文献的多篇序文中,"吾台"的强调甚为突出,例如"然则是书之刊,即谓吾台文献之所系焉","考吾台文献,莫大于陈、林、李、谢诸书"^⑤,也直言不讳地表达文献古物之搜讨对乡邦郡邑贡献之深,"洵艺苑之旧闻,乡邦之雅

---

①　叶书,字伯丹,又字寿彭,号鹤帆,台州临海人。叶氏家有藏书处"荫玉阁",藏书三万多卷,多为乡邦文献,著有《枕山楼诗草》。

②　潘日初,字俊卿,台州临海人,藏书四千余卷,多乡贤著述与郭协寅处藏书。后三之斋毁于大火。

③　郭协寅,字沧洲,别字石斋,晚号清潭逸叟,台州临海人。

④　王棻《三台名媛诗辑序》,黄璜编订《黄子珍先生年谱》。

⑤　王棻《三台名媛诗辑序》。

记也","桑梓幸甚,文献幸甚"①。正由于此种特殊的乡邦情结,作为临海人的项士元在前辈身后亦为台州古籍文献奔走征集,其寒石草堂聚书万卷,后又大量捐予临海图书馆与文管会。项士元前往秋籁阁访书时无限感慨,曾为此题诗:"谁为绝学共扶轮,桑梓搜罗又得君。此日来登秋籁下,欣承慰问到斜曛。"②前有洪颐煊,后有项士元,或许这正是某种以乡邦文献藏书而凝聚的情感传承,黄子珍正是其中重要的一位接力者。

（三）书序文的"选集"

《黄子珍先生年谱》其形式特殊还在于是书或可视为一种诗文选集,黄璜在生平纪事上的编订正以黄子珍著述活动为主线,因此其间著述时邑人友朋所写之序、所题之诗皆被记录于此。初步统计,年谱中完整记录的序文有:《先君梓里遗闻序》(黄子珍)、《三台名媛诗辑序》(陈一鹤、王棻)、《秋籁阁印谱序》(王咏霓)、《光绪临海县志序》(叶书)、《台州金石录序》(徐士銮、杨晨、罗振玉)、《台州金石录例言》(罗振玉、王棻)、《漳江集》《闽游草》《闽游纪程》自序(黄子珍)、《述思堂丛稿序》(王克恭)、《仲弟子渔晋王右军行书集字分韵序跋》(黄子珍)、《金鳌近集序》(王棻)、《天一阁碑目补正自序》(黄子珍)、《秋籁阁诗略书后》(黄子珍)、《临海黄氏世谱序略》(黄子珍)、《清憩轩诗存自序》(黄子珍)、《海上同音集序》(王棻)等。此外,另有黄子珍与其弟黄璜、友人周少谦等互相往来书信,黄子珍自题诗等。可视作以编年形式编排的黄子珍及其友人诗文选集。黄子珍以藏书著述闻名,其年谱亦凸显此重要特征,无论从地方文献或文化上,都有重要意义与价值。

① 王咏霓《征刻台州金石录启》,黄瑞编《台州金石录》,民国五年吴兴刘氏嘉业堂刻本。
② 项士元《秋籁阁访书记》,黄璜编订《黄子珍先生年谱》。

凡　例

一、为方便读者，在正文原文干支纪年下附加公元纪年，用圆括号标出，公历跨年日期参考陈垣《二十史朔闰表》括注具体公历日期。

二、根据丛书要求使用简化字，异体字改为通用简化字，但涉及具体人名、地名时，则尽量保持原貌。

三、年谱中对同辈姓名、字号称呼颇不严谨，常记作同音字，整理本中保留原貌。

四、原稿中难以识别之字用"☒"表示；空缺处用"□"表示，残缺不能确定字数者则用"……"表示，并出注说明。

五、年谱中眉批在正文相关位置用括号注明，不确定位置者，则录于该年最末。

六、年谱底本中每年用大字排列时间，用双行小字撰写具体内容，后者为原谱主体，因考虑丛书体例与阅读效果，故将两部分内容统一字号，作分段且整体缩进2字符，以示区别。主体部分又小字者，以小字标示。

七、《袁士杰年谱》中含有记录卦象的文本及部分与全文关联不大的内容一并删去。

八、《黄子珍年谱》附录与作者相关传记与序文。

袁士杰自撰年谱一卷

[清]袁士杰　撰

余自受生来，历四十有六寒暑矣。光阴流水，未报□□；□□□云，有惭祖德。痛保家之无术，哀传世以何能。……微踪。时同治七年戊辰十二月九日，士杰襄臣拙斋……。

余忆垂髫时，侍先蔡孺人侧，孺人祖讳汉阳，考讳振声，妣方孺人三女。孺人谓曰："□父上有三兄皆蚤得子，汝生也晚。姑尝虑之，吾对曰：'迟速有命，无庸虑也。'岁乙酉，汝父贸麦于无锡，至十一月二十有五日漏初下归。是夕，余即腹痛，至明日酉刻汝生。姑尝戏汝曰：'此无锡人也。'时汝父行商日多，时乾亨、乾利、乾贞三房于甬江合开阜昌米行，三伯父主行事，先考行商于外。遇汝嫡母周讳帝辉公次女。祭日，命侄辈拈香，百计诱至，辄遁去。余因焚香默祝，不复召焉。今汝稍长，其多拜之。"时犹未知其言之悲，今九日适亡室倪考讳培垚，妣朱孺人。忌，仅一女在，子不守分，窃往宁海，不禁有感。并识之。

历年约识

道光五年(1825)，乙酉，十一月二十六日酉时始生，是为一岁。时住王家墩杨姓新屋。

道光六年(1826)，丙戌，二岁。

七年(1827)，丁亥，三岁。

是岁，见兄弟作炊黍戏，余才能行，往观之，火热下衣，尻几焦，幸先孺人闻气亟救始免。

八年(1828)，戊子，四岁。

是岁，余能独行。喜观金鱼，窃往掬以手，倒身溺焉，佣妇见而拯之，获免。是年，重修穆公岭祖墓并具墓祭，东湖、大堰头、慈邑、祝渡皆会前数日知，会后限定二月十六日于莫支堰会集。

九年(1829),己丑,五岁。

　　始能识字。先君雅喜读书,既习贾,望后……每行商归,剪纸书字,用盒藏好,暇辄课字逾千数,循……厌其烦。是岁六月初四日戌时,适励氏妹生。

十年(1830),庚寅,六岁。

　　是岁,往姻家励氏,归至东堂……内,友阿三从后见之,喜,猝来抱持,余一……愈。受惊染病事在十二岁丙申,误记于此。

十一年(1831),辛卯,七岁。

　　入学,从严乐始镛夫子于杨氏。

　　　　余家世居郡城南关外社坛衕内,先祖生父辈昆季四人,居不☒容,迁江东镇安桥连姓。先祖自少习业绍兴郡中泰和银楼,稍有薄赀,于江东开阜昌米栈,为父辈学业。先祖捐馆,伯父议以栈本作行本,禀先祖妣,行之。未几年,大伯父见仲、叔二弟食指多、家用繁,谋将阜昌行本分归,遂于道光三年癸未分为乾元、乾亨、乾利、乾贞四房。八年四月,又将私蓄谋得城南祖屋,今乾纲等所居是也。时先祖母康健,伯父既迁,命三子不可再有异志。二伯父乃以钱一千五百贯典王家墩杨益宝翁新造屋居之,余生于是,从学于杨姓西席严学始,讳镛。

　　是岁六月初九日午时,弟朝宝生。

　　十二月二十一日巳时,先祖母竺孺人弃养。

十二年(1832),壬辰,八岁。

　　从严夫子学。

十三年(1833),癸巳,九岁。

　　从严夫子学。

十四年(1834),甲午,十岁。

从严夫子学。

"……此礼当视往,汝不得行,子又孱弱,不克往。吾当估认路兵丁引路,由四明山入奉。若得稍愈,即归余里同居,何如?"计定,明早用发袜、箬鞋裹干粮,慷慨直前。深岩幽壑,雪没股,寒侵骨,步履不能下。至奉,足尽龟裂,血痕缕缕,然袜不能出。居数日,稍能行走,即带其家至赁屋同处。其弟葆亭妻,先蔡孺人女弟,而姑丈次子钟,又先君婿也。时二伯父次子朝勋无可依靠,招之来家,依先君以生。先是,其兄朝赓亡后,伊家祖堂已迁在余家设供,先人俱敬事之。每逢祭日,一式设奠,无或异也。至朝勋成室,始迎归也。今朝勋又亡,仅存四子,朝颐尚未有家。呜呼! 伯父生而为英,宜乎死而为神矣,而任后人之式微至此,岂善未必报,而所谓天者固难测耶?①

二十二年(1842),壬寅,十八岁。

在上虞。二月中从邑廪生葛鼎和夫子学,宿于其家,在八字桥侧,至□月夷退归家。先是,正月间谋破郡城,段提宪永福由西门,余提宪由南门,约二十九日同时入城。余从□奉邑萧王庙跟军垒中归家一次,至期,更定后闻炮声,走行□□文桥探听我军,闻西门兵败,不战而退,驻奉邑数日……从之。

是岁五月未返城时,先周孺人兄锡三因夷人在,时替吴……庄钱出城,有劳绩,得薄蓄,猝至雅田庄,欲与先君同住……情不能却,遂择日返城居,周家来依焉。周氏于余家素……归,遂贷米本式千贯做森泰米栈。六百余贯历……

---

① 此段疑为"二十一年"事,"十四年"后当有缺页。

二十三年(1843),癸卯,十九岁。

　　从吕夫子学,馆在府学方雪斋成珏老师署中。先是……署学宫
多损坏,吕夫子奉府尊李汝霖命捐修提署并府学,故雪斋师延请训
子。后因校士馆修理未了,七月辞馆,转荐屠莱士继善夫子,余仍附
学焉。吕夫子因功保举按察使经历,分发福建,在彼数年,虽屡得差
遣而未得实缺,心劳神疲,卒于闽中。

　　是年,罗萝村督学临郡,岁科并行,余始赴试。

　　七月、八月两次大风雨,八月更甚。大木、墙宇损坏不计其数,低
地水逾槛上,家用器物、未葬棺木,多有浮去无觅者。

　　九月初五日,娶倪氏培垚公三女。逾月,姊许字周氏。锡三舅父
次子益生。

　　　　先君是年贸米于无锡,得厚利,货财进出尽托三伯父经理,
孰意先君获利于外,伯父亏本于内。及先君八月归,连米本尽已
填用,负余家钱一千五百余贯,后至丙午年,张鸿飞表兄理直。
止还三折,立期票拔还,今尚有一百五十千未还。去年返里后,新任提
宪李廷玉,壮烈伯长庚子,因衙未完功,寓柳汀义学。先大人因
余闲居,命往署中习事,余思此业堪获厚利,然必黜陟官吏,始能
获利,是事功未建,心术先坏,非承先启后之道也。每托疾不往,
读书自若。先君知之,故复命余从学云。

二十四年(1844),甲辰,二十岁。

　　从陈卓斋廷谔学,在张爱庐祖祺叔家。

　　　　是岁,吴殊舫钟俊临郡,就试不利。先是进场,由馆中动身
前二刻,有讹传题目者,送考人若郭酏仙辰曦等俱在。爱庐叔邀
酏仙代其子德煌作文一首,陈夫子亦代余作。既入场,遇德煌
云:"文已搜去。"余曰:"吾文固在。"即交伊收藏。余意余家寒、
伊家富,师既爱吾代余作矣,而余若得隽,谢金无几;而彼苟得
利,当什百于吾。师固家寒,其可不以师之爱我者,反而体师之

情乎？未几得题，既不相符，而张亦相左，为之一叹。

是年，周锡三舅父因吴省三钱务事押在县署，伊家避居乡……屡往视之，并雇佣每日送饭，余半载释放后乃已。舅……姑苏开宜春糕饼铺，所有余资荡然一空，饭工……有万一浩批命。

断云：命立午宫，天德星守垣，少……于子提，弃官留煞，能制伏，荫庇绵……名不虚。戊运芹香得色，才遇长……货殖不与，颜子乐安贫，乙到癸……案子卜四实，寿过未字再决。

陈夫子评。

评云：乙木，病于子，墓于戌；甲木，胎于子，养于戌。己生子月，乙衰甲旺，则宜去煞而留官。自坐长生，日元有气。第月令逢绝，终嫌未旺。现行丙运，正印生身，命场最利。交戌运，煞星入墓，正官愈透，亦佳。乙运以煞混官，不利于名。酉、申两运俱顺吉，甲、癸、壬资助正官，名程大利。

张朗书批。

批云：官煞混杂，去留不清，固为读书之所忌。然有戊土配己，乙甲木配己，虽混而非混也。故曰：官煞混杂。须问我有可有不可，况己酉日坐长生，已见秀气，而身强又足以敌煞，种种吉象，实非等闲之造，事业身价非小焉者也。稍忌寒冬无火，恐仕途不能显达耳。幼少上人荫庇，一切现成，刻下丙运正印之乡，不啻春回寒谷，定主游庠。戊运不中可补，酉运声扬鸣鹿，至申、癸、未、壬更可高上层楼，有贤妻妾，且早招子。

二十五年(1845)，乙巳，二十一岁。

从范苈庐邦棠夫子学于林绮塍福镐家。

是时，先父境甚窘，每逢节时，先生束金有典易衣物而送者，不肖不能上进，有负先人期望之殷，罪可数哉！每一念之，辄怆然心痛。

二十六年(1846)，丙午，二十二岁。

遥从董秋史承鲲夫子学。

前年，弟瑞璋朝宝已进阜元米行学业。余因境窘，出外从学，费用颇大，愿在家学习，先君从之。先是，去年先君遇董夫子于友家，见其论议文事，津津有味，慕其名而心契。约日，具酒肉邀请至家，命不肖拜见，呈前所作文求正。夫子甚加奖美，故即于今年正月初五日往从焉。夫子先设席李笙南维镛家，因弟子不率教，辞归，设馆三元殿。至十月间，三元殿灾，余未改文二十余篇焚焉。

是年，黄姓屋易主，于九月初五日丁亥迁居大池头徐姓面北楼……三日乙酉，起灶。

妹于十月适励钟，大事迭至，用度浩繁。先君日夜奔波，至……席，不肖虽愚，不忍目睹。余谓孺人曰："汝嫁时衣已典易……家者，藏于箧笥，服时甚稀。今吾父忧劳如此，无论目不……画妥当，父债即吾债也。不若以汝衣与之用，时遣一介走取……是取之内库而藏于外库也，汝意若何？"孺人欣然允诺。遂……未月辛亥，先君因董夫子言，将命不肖赴省试，令就张……

是年七八月间，有地震、纸怪之异。当地震时，床铺相接者，或有动有不动；盛水器并置，或彼泛溢而此安静。纸怪来时，半空中先有旱风，若百鸟声，余时坐卧在外，久亦无爪痕剥肤之事，或云此旱魃也，当然。

二十七年(1847)，丁未，二十三岁。

遥从范蒂庐夫子。四月间蒙吕夫子荐至慈邑，迁居郡城洪斐章家，训其继孙午堂。

是年，在伊家设馆，一师一弟，书室仅堂房半间。间壁有某姓者，系慈北富室叶氏亲，叶素与洪交切。某有子十余岁，已从李生学,见余训饬勤而严,且地近而人少,端节后挽叶与洪说将从余受学。洪未明其理,且叶之情难却,向余言之。余曰:"师无大过,半途而废业与半年而受人之徒,皆过也。如欲从余,且至明年相商。"自后某于间壁每每阴骂,大意夜当寐时,如此诵读不休。或曰:"何不向洪言之?"余曰:"彼自有口,洪将若之何? 第无过犯,置之而已,言而不从,未免生事。"

是年二月,赵学宪蓉舫光临郡,赋题"山辉川媚",《四书》题"君子之所不可及者至相在尔室"。赋文甚见奖赏,因诗中"玩"字误书"娱"字,失平仄音,抑置佾生第一。

姊适周氏锡三舅父次子益生,又以孺人嫁时木锡等奁具与之,孺人之意也。

二十八年(1848),戊申,二十四岁。

仍馆洪氏。至三月,午堂以木瘃一夕而亡,归家诵读。

是年,赵学宪科试临郡,赋题"麦陇风来饼饵香",《四书》题"鸡鸣而起至鸡鸣而起"。余入县学二十五名,古学取第二名。先是,余以佾生册入试点名,在诸童后入号,友人夏芷津庆增与余联号。有乡友柴小桥维洵,至号问余间壁何人,余叩其故,则曰:"入场前一刻,梦与君联号者必进。"余因此惧。上半篇文思甚窘涩,气机大窒,故列名在后。出场后至范夫子评文,芷津邀余同至庐锦堂占课,俱吉。芷津果亦得隽,课详后。

八月间,因徐姓房租太重,迁居于天下都土地庙侧张姓房屋。

四月二十三日,卢锦堂术士课。

断云:有心来占,功名无望矣。若无意……必得无疑,盖以课属游魂也。

是年,有辞吕二韭瀋作文束金事,二韭代慈邑陆芬作《中庸》文。因秋试近,恐未及完成,分十余篇与余作。至端午前,染病沉重，将束金遗余。余思其家境亦寒，目前正须调养之费，辞之，后二韭即于是年逝世。

二十九年(1849)，己酉，二十五岁。

设帐在家，从学陈恭泾、赵有琳、汤远瞻……钧、陈文星、陈文林、胡□□(忘其名)。

是年八月十七日戌时，受纲生。时余应试在省，方往……是科改期九月故也。先时未生前八日，周氏姊产亡，先……彼至出殡后归，孺人即腹痛临蓐，甚危殆，而后安，予未之知……赴试同伴秦运钰、秦运钊、陈绍、胡芳、奉邑邬学海。

十月，瑞璋因行中多用钱文，先君命与偕周益生、绩如即朝勋、赋南等寻觅，西至大坝，并无踪踪。乃使益生等过坝往慈邑，而余进大隐石塘由十字等寻，历数日无耗，乃归。归后两日，慈邑太平桥草舍禅院住僧隐修使人送归。至十二月，先君备礼四种，特命不肖亲往隐修僧拜谢，瑞璋因此失业在家。

是年，代吕夫子弟二韭瀋作慈邑陆芬《中庸》文十余篇。当二韭叔病危，使人先送文钱六千文至。余思其病危，亟需医药费用，以先君命辞之。后二韭叔卒，即以其钱赙焉。

三十年(1850)，庚戌，二十六岁。

设帐在家，从学陈恭泾、吕文涌、赵有琳、汤远瞻、钱运增、运源、陈文林、文星、张世茂、熊良、贤侄德纲，一人名诚均，忘其姓，一人姓胡，忘其名。十二月二十日，散馆，有《赠别陈恭泾》二绝，因明年蒙金藜光然青从姊丈荐，十月十二日得信。至慈邑骆驼桥盛楚生均家训子故也。

是年四月十三日，不肖医治无状，祸延先君。先是，正月先孺人弟光舆因疫病亡，先孺人往视含，因而得病，归即卧疾，延医朱大勋调治。先孺人气体本虚弱，不宜重剂攻发，屡愈屡发，治亦屡效。至三月末，方能用饭。而先君体素康健，先孺人病，朱以为无妨，先君亦不以为虑，独虑假山亭山公墓崩塌，择吉修筑，并砌三围石磡。每日早饭罢，即由城至墓督工，及晚始归。午馔以干食代之，或竟不食。讫成事，而先孺人兄圣佐又亡，时先孺人未复旧，亲戚族党因疫症未有至者，而先君不忍坐视，慷然独往，并为措置丧具。殡后归，当夕头痛。时四月六日也，身虽发热，口言无恙，至次日不能起。时先孺人用补剂，医每五六日一至，不肖谓朱医有效，将延请治之，犹不许，劝而后允。朱至，亦以为无妨，不肖信之。至十二日申刻诊视，方云病危，亟用参剂方可，时不肖即展转售□。戌刻用一剂，至亥子若熟睡然，但汗出如碎珠，累累然满头。至丑初若醒，欲进参药，而喉中霍然一声，遂至不救。呜呼！不肖之罪，可擢发数哉。当十二日医来前，犹下床端坐，食粥半盂，谆谆然诚不肖等不可习他务，唯当为事，必竭力为之。又每以思永祀未复为憾，神清气爽，宜若无虑者，而孰知此时训辞竟成终天之恨也。盖外热若轻，而内邪已陷故也。呜呼！尚忍言哉！至十九日，不肖等奉柩权厝于仓漕相前鲍姓坟地，土名仓漕，墓前有石刻"绍堂袁公"四字。

八月二十一日，瑞璋复进阜元米行，欠款先措偿一半，余分除。

赠陈恭洤诗云："与尔谈心只二春，从今分袂各图新。近年小学须重读，堪借名言淑尔身。""昔传勤益戏无功，毕竟诗书可发蒙。此理此情事后觉，及知追悔已成空。"

值延龄续集。

咸丰元年（1851），辛亥，二十七岁。

授学盛楚生家，从学伊子钟琥、钟琯。

二年（1852），壬子，二十八岁。

仍馆盛氏，从学来伊兄伯莲之少子东生。

是年五月二十九日戌时，女桂生。时余在馆。

秋，赴省试。同伴洪时琦景韩、袁建瀛东槎、应朝宗舵湖、秦运钊勉之、屠受桐小斋、胡芳杏仙。

九月二十四日，授瑞璋室李氏，慈邑李采彰五侄孙女。父惟星，向在余阜昌行习业，瑞璋生即缔婚焉。丹陛、英华，其兄也。

值思永祀。是祀本系乾元、乾亨、乾利、乾贞四房分值，亨房朝勋亡，因无祀产，故三房轮流也。

宝鋆、马佩瑶主考是科，系九月十九日赴省，至十月廿九日还。未知何年，查。

三年（1853），癸丑，二十九岁。

又馆盛氏，从学又来楚生胞弟明经，至川增子正甫钟及其女弟。

是年，广匪扰郡，城门屡闭。

三月间，瑞璋私做空盘，亏折本钱四十余贯。余自馆归，妹婿励毓秀钟告予，遂至阜元行，向知主事张鸿飞及副知马近思两表兄询问，不知也。及观用帐信，因告以故。瑞璋归，又再三劝戒，不意贪心未除，至七八月间复做，又亏折五十余贯。瑞璋之为人也，素心本拙，面重情而隐于辞，因此屡托有病，长卧不食。余探知其故，即邀其妻兄丹陛同劝，方始出行。然余身在馆，心每在家，更兼广匪屡扰，寐不安席。再三思之，惟迁家乡，间设馆近村，一可免匪扰，二可主家事。遂托词覆馆，乃于九月间从于光同乡洪港岸陈发懋家居之。孰知事不从心，变起莫测。瑞璋又于除前一夕，自阜元栈送年饮酒，忽然心变出奔，除夕特使栈友至家通知。值追远祀。

四年（1854），甲寅，三十岁。

馆匠头王王组新家，伊子正阳、附学朱德嘉子宏炳及周、张二人，忘其名。

是年正月二日，乘雨步行至行，即与栈友知贵同往慈城寻觅，未遇。归家，复赁舟冒雪至西乡寻之，又未遇。历三日而返。后旬日自定邑归，归后二旬余，心始悔恨，将发剪下，由此不能出门，渐入魔道，颠倒异常，不堪言状。祈神服药，终罔效。至五月始定，荐至江东成记小货行，已有成业。时余子女二人，瑞璋仅有一妻，况伊妻母家裘姓富足，伊妻庄奁俱在。余意免伊贪求，情愿分析，遂卜吉于九月九日，分为行生二房。

染疥数月，励妹婿毓秀亡。

五年（1855），乙卯，三十一岁。

仍馆王氏。十一月廿八日因事散馆。

是年七月十三日赴省试，同伴张五云、吴宰文、张莼渔、励鼎臣。至八月二十日过江，廿二日归家。值思永祀。

六年（1856），丙辰，三十二岁。

四月初四日，至祠，造宗谱。

先是，吾祖璞斋公承先曾祖美斋公遗命，改造宗祠，易三楹为五楹，一进为二进，竹篱为砖墙。祠成，纠集宗人，创春、秋、冬三祀；于冬至祭日立娶妇、生子簿，每子姓娶妇，分三等，折茶果钱，生子折丁钱百文；每年每丁领饼四枚。以是近时子姓易于稽查。又于新昌、嵊、余姚、上虞、奉化棠岙、慈溪祝渡等处搜求宗谱，抄录成编，因修费无措中止。至是柳西永皆公归自姚江，议修宗谱。余才疏学浅，业非专门，本不敢任，特念先祖搜葺之勤与先父嘱付之重，又自宋谱已亡，迄今七八百年，茫无统属；况吾族财薄人寡，继起莫必失此，不修将存者复失，而失者愈难求矣，于是意决。虽独任寡助，心常忧惧，志不少懈。逮成稿，复劝柳西公聘请周佩斯懋才道遵共决，皆由费用不敷，此公不须重酬，得立初稿，可为后日重修地也。后送周束金二十贯，自领束金六十贯。

又谱中亨房丕勋长子朝堦,娶丐户铁匠女为妇,革去冬至丁饼,至祠前慢骂,因而黜族。谱内系在旁支,未曾收入。今其父已死,其子长庚以祝为业,颇能归正,待其生子,可以补入。

二月十五日癸卯,赴祠与祭。当晚登舟往东湖扫墓,至下水,舍舟而行。至穆公岭,先祭质甫公墓,复祭正献公墓。回至绿野岙,向两石柱祭正肃公墓。由墓道而进,行百余步,皆史姓聚居。盖因明季之乱,衷公之后徙避沙家山,而墓地尽为跕踞也。询之故老,皆云史姓窃踞时,恐袁氏知,先造木料露暴天外,使如旧然,并预养蜘蛛于箩中,一夜盖好,即将蜘蛛乱抛屋上云。余与鲁泉进视,相形度势,在中进堂基。土人亦云金漆堂基即墓地也。连造三次,俱被火毁,迄今无屋,盖正肃公之灵爽凭焉。吾后人不能复之,得罪于先人多矣。祭毕,有微雨,归至史八行墓,登览而返,至舟宿渡,已二鼓,后宿于舟中。

三月初一日,周学宪玉麒临宁。初二日,考古学“凌烟阁赋以‘丹青映日、杰阁凌烟’为韵”,“赋得‘越山浑在浪花中’得山字”,“春柳七律四首”。初三日,考阖属鄞曰“有复于王者曰”,经题“虽有嘉肴”四句,诗题“青山久与船低昂得船字。”

直先父李二寅帐其子东侯收去,族兄镇位作中,手票当即收归。

创茅阳南川公墓祭祀,名曰“余庆日月祀”。捐钱六十千文,利房捐钱六十千文,合存钱庄生息。当年修墓,写祀簿,并代柳西公作序。

撰谱中列传。

瑞璋生子承纲。次年夭。其家徙居李溪渡妻母家。

七年(1857),丁巳,三十三岁。

因宗谱刻字未竣,理合监督,遂设帐宗祠。二月三日上馆,十二月八日归。

正月七日晚潮，趁舟与乾纲同赴余姚皆吉皮货庄，柳西公所开，为谱事赴召也。次日早饭后，同柳西公乘肩舆往下袁埭宗人孝廉吉庵谦家，亦为谱事。午饭后归，得正肃公敕命一道。至十一日归家。

二月十六日戊戌，至穆公岭及绿野岙祭墓，即同虎文、丕烈二叔、鲁泉等入岙内寻觅形迹，见石器残缺，犹有可见者，断柱或砌路梯，或椽墙脚，照然明白。归舟，与竹江、春芳、周煦，大堰头、瞰湖、海东诸宗人议请正献公从祀文庙事。

四月十二日，周学宪科试古学，"登瀛洲赋以'语本唐初古今同艳'为韵"，"'绿叶成阴雨洗春'诗得阴字"，"灯牌、号烛、浮签、团案七律"。

十三日考阖属：府学"父母之年至以喜"，鄞"匠人斫而小之，则王怒"。

闰五月廿四日，励宏仁甥因其伯鼎臣桂芬胡行妄费，遗产抵押将尽，始议分析。堂伯载常、元勋为中，立允议据两纸，以金华费十九两及宏仁兵粮一名归母子食用，余悉归鼎臣。其银向载常领取，其兵粮明年除名，金华费因金华遭粤扰无着。

七月二十四日，直先父与周锡三舅氏往来钱帐，其长子宏连立有全收据一纸。

十一月七日冬至，奉先父主入祠。先君痛于道光庚戌，已阅八年，因家运颠倒未及祔庙。是年，馆于本祠，因痛节用费，如例捐纳主钱，又家在乡村，往返未便，乃于即日至墓前默祝，迎神至祠，东向题主。祭毕，奉主入龛，安位如礼。

十一月廿一日，维杨附贡生周召字咏斋至馆，自云祖为府，父为县。已巳捐府经历，分发安徽，丁艰归里，适遭兵革。赠以百三十文，送至门而别，心甚恻然，恨未能给其归资焉。

代宗长永清作《榆新祀续序》，作《宗庆祀续序》。

代曙昌叔作《东岳会续序》。

代鲁泉作《任方氏恤嫠簿序》。

代美如、鲁泉作《祭母文》，代叔辈作《祭鲁泉母文》，代子婿
作《祭鲁泉母文》。

代企杏作南河庙楹联。

八年(1858)，戊午，三十四岁。

失馆，家食。

九月十九日赴省试，十月廿九日归。因长发寇浙，故易期。
同伴陈卓斋夫子廷谔、陈次眉、林际清三人，主考正宝鋆、副马
佩瑶。

代乾、正二侄直朝麟辨日月祀事并作笔据。

瑞璋妻李氏卒于九月九日午时，次日徒行至李溪渡，十五日
归葬于厉港岸张鸿飞兄公地内。

值思永祀。

有东乡史致芬之警。

九年(1859)，己未，三十五岁。

家食。代镇邑胡宝清旌甫作《春秋》文二百八十篇。

二月，张星白学宪锡庚临宁岁试："拟白居易赋赋以'赋者古
诗之流也'为韵。"，"'志士惜白日'诗得勤字"，文题"子曰贤哉"，
"黍曰芎合，梁曰芎其"，"'文翰洒天机'诗得韦字"。瑞璋自妻亡
后，复归吾家。妆奁用物荡然一空，大半为李氏吞没。至六月廿
六日，瑞璋又毁物伤人，颠倒起祸，乃桎其足，不得已也。稍定后
放，九月四日又大变，复桎。桎以木为之，中穿二孔，分而为二，
合而为一。但不能疾趋耳。独处一室，三餐茶饭皆送到室内，食
毕携归，以为常。

五月廿九日，励氏妹又失性反常，与人屡次血争，带子归家，
至十一月去。

七月二十日，与芷津庆增、胡杏仙芳同赴省试，同寓朱箧亭铺、李雨生云行、毛溪芷琅、陆渔笙廷黻。八月廿一日，冒雨过江，廿五日起灯到家。

主考正钟启珣、乙巳传胪，江西人。副汪承元。癸丑翰林。

值日月祀，值日新祀。是年，兼值二祀。因余家在乡，收租当办全付正纲等，故至赔钱二十六千文。

正月七日戊寅，至陈昌绥处，流年得"颐之贲"。

十年（1860），庚申，三十六岁。

复授学王组新家。至九月间，任性之、龚光孚及张姓三友过，候组新子正阳同往葛德音家。组新自田间见之，归家，自书楼下借端阳骂，无所不至。余即夕领采成归家，后请罪罢。

正月十二日，生子人纲。孺人因家多变故，积忧成疾，产后未能复原，犹强起治事，至七月病剧，医药罔效。十二月九日夜半，遂不起。售地于本村陈姓屋后，土名支家漕地方厝焉。

二月十七日，发贼将寇省城。十九日，北关门演戏，土匪乘机抢夺戏子衣服，假扮长发，劫掠民间财物。因兹发贼随至北关门并棋盘山等处。是时，省中百姓因八年四月发贼曾犯省界，至衢州退回，省中以贼为不足虑，俱不设备。至廿六日半夜，城遂陷。北关门外以及城中房至焚毁不计其数，百姓死者七万余人。抚宪罗子扬、藩宪黄友端、杭嘉湖道叶塈、杭府马椿龄及仁和二县俱死焉。臬宪段光清，先时托事退避西兴，幸免。唯旗城将军把守未陷，而候补人员死者七百余人。三月三日，贼退离省城五十里之遥，段光清始入省城，安集流民。时有高姓者，素行善事，贼敬之，不忍犯。贼去后，独力收葬被害人民四万余人。城中未被害者，又有米铺两家，传者忘其姓名，俱行善若高氏，得免难云。初，发贼之未入也，有王道平者，历游城中，以擦字为名处城隍山上，踪迹秘密，实与发贼往来。事觉讯问，未确，抚宪不忍即杀,遂有疑抚宪与发贼通者。是说也,吾未之敢信云。

十一年(1861),辛酉,三十七岁。

家食。

七月廿六日,次子人纲夭。

八月间,粤匪逼近,紧报日至。十月间,陈公岭失守。每夕火光烛天,至北渡大搜船只,铺板为桥,夷人受贿与通。至十月终,夷驶小轮船往北渡,受赇并降约款,粤匪即于十一月一日渡江寇郡,由长春门至灵桥门一带地方,叠桌而上。城内文员武弁无一人守御者,遂入居之。提宪□□□、道宪张景渠由监仓门逃往江北岸,府宪林均方巡南门,闻贼入,避入镇明镇余祖先正献公祠内神座下。数日后,有就近一兵丁见之,知为知府,予以破衣,扮丐儿,扶之而出。县主□□□亦先遁。

时八月间,余励氏妹及子宏仁已在余家,至十月初,顾从母带继子文稔亦来依。未数日,励从母闻顾从母已在余家,意彼多财,银米必定带足,带子元涛、元榛蓦然来家。熟[孰]知顾从母夫婿言如极吝于财,自与爱妾同处,置从母于老屋,日用按月给发。当离乱之时,亦如平日,只给钱式千文,除船用外,仅余千钱,亦无粒米寄至。时乡谷禁出,米价昂贵,斗米至八九百文。至十一月,闻顾文出寓江北,徒步至彼,只取洋四元归家。时食者十余人,每日米斗余。至岁暮,力不能支,乃禀告母亲,送励从母于江北伊三子元坤家,送顾从母于江北本家,用船送归。余家本陕隘,时加六七人,无地可容,余每夕至福善庵,与仁僧同榻。庵在居前,每有警闻,必先知之,即归家使各逃避。自十月底粤匪至北渡及入城后,至十一月十四日,始禁劫掠。余家十二、十三两日,亦被掠取,但未搜及耳。

采成从学于夏芷津,在篠墙衕郑茂才家,至九月初归。

粤匪至陈公岭,恐一时突至,瑞璋已桎其足,未能奔逃,恐被杀伤，禀母放之，有警则可避走。至十二、十三日，粤匪入城，即被掳去，以成衣被拘，至次年二月烂足放出，回家知之。

值永思祀[①]。

同治元年（1862），壬戌，三十八岁。

粤匪踞郡。四月贼退，依府厂。至八月终，粤贼复寇西南两路，带子女下乡。二十九日至家，明日申刻贼至，免。酉刻复至，被难。至明年正月十四日归，在难百六十日。

正月中旬，母蔡孺人病，因瑞璋与励氏妹皆失心，瑞璋妻李、余室倪相继卒，瑞璋子承纲、余次子人纲又相继夭，积忧成疾。及贼扰，又累遭惊恐，遂病。时人云："此病当祀神以祷之。"时予艰于财，措办得钱，至二月三日午后，至黄公林市物，及归，病转沉重。至酉时，竟弃不孝长逝。自悔奉养无状，不克先时预防，积恨终天，一生莫赎。次日黎明，即徒跣至江北，幸此时族叔丕烈已开有三钱庄，借洋二十元，以杏仁二包抵押，又各处谋之，始得殡葬。时贼未退，恐遭外虞，遂于□□□日权厝于支家漕己地内，与亡室倪邻，得奉侍焉。时因儿女幼少、妹失心，不能持家事，余为衣食计，又当出外，闻蔡安心母陈住西杨，与余居相去五六里之遥，至彼商定，将子女寄食伊家，一切日用皆余应付。每逢七日，先期至家祭奠。至四月十二日贼败奔逃，余得上郡，至府厂理事，令安心等同至余家住居。不料安心母陈听信人言，至六月间径抛余子女在家，自带二子赴申江矣。知余在厂，亦不使一人告知，盖惧予之阻行也。于是乃寄子于顾从母家，寄女于倪懋德家。

是年二月间，有姚邑人起义讨贼，自两衕至西乡樟村地方屡胜，贼已丧胆。村中主谋李生不谙事务，非但犒赏未给，即粝食

---

① 此处当为"思永祀"。

盐菜之供给，又以为多。人孰无情，肯以一己性命，空替他人保家乎？过宿愤归，始遣人追之，执不反矣。待贼再至，犹高处探视，未敢邃动，久之乃四散劫掠，于是建峇、茅草漕、林村等近西一带地方焚杀殆尽，幸此时官绅陈鱼门政钥等已与夷人说妥，协力攻城，不然西南之民靡有孑遗矣。

先是，陈鱼门招募广艇、兵勇自措粮饷，请提道府县各驻舟山，并归夷人银洋，同心击贼。先将新道头贼炮用盐卤钉塞住。四月十二日辰，本勇船及广艇、夷船俱由白沙至三江口，至盐仓门江中停泊。夷船住内，本勇船及广艇驶在夷船之外，络绎往来，开炮轰击。每出数炮，勇船及广艇退近夷船，以避贼炮。时夷人犹持两端，至午后贼炮适中夷舟，船主被伤，夷人遂发大炮，共相奋击。一炮中范贼首署中，贼人胆碎，而本勇亦由沿城扒上。初上被杀，几败，幸船只早已放远，后无退路，一意向前，始得成功。贼首由西、南二门遁走，贼众从之，人马践踏枕藉，死者不计其数。乡人遭其荼毒者，积愤已甚，各持梃击贼，或死于水，或死于田，露身赤足，犹前日剽劫之报也。可知天下事，转败为功，只争一心，而天时总由人事也。

贼平后，五月间至府厂，共理厂事。至七月，西南两路贼复来，寇慈、奉间，火光彻夜，人情汹涌。余子在顾，女在倪，俱云不能复顾。于八月二十九日带子女归家，船至南门，陈姓屋已被夷人焚烧。余恐延及祖屋，即至大房，见乾纲等专心搬运货物，余即以短梯升祖堂，将历代神主用大盘安好，请至坛上，命伊等守视，复趁船下乡。至明日午前，人云贼至北渡，已渡江矣。余意船只未集，何能飞渡？未信。方饭毕，忽报贼至，盖此时贼愤前败，泳游过水，特思侥幸。时天微雨，泥滑难行，且子女力弱，不能俱逃，避匿家中，决意顺命。申刻，贼入家，各处掳掠，已免祸矣。天将暗，余坐书楼，不料一绍贼潜上，猝不及避，躲在坐后隐处。时有夏长衫因昨归雨湿架在其上，贼见之，以为绸衫也，将收之。至前足蹑余身，知有人也，已被贼见，余即起，因告之曰：
"余书生耳，非能用武，劫去何益？"贼始若听从，既又要余同行，
盖贼法掳人，得一人即可代己担物，而得一书生虽于己无益，实
足见功，故再三不允。余思先君未曾合葬，子女幼弱，欲图后事，
不得已从之。是□□于夕宿前村葛姓，未明，起身用饭，将寇郡
城，至象鉴桥，贼入村剽劫。午炊已熟，将用饭，报前队贼败，即
疾奔。贼防余严，不能脱，过江居奉化之东陈。是闰月朔日也。
初，贼问余家世，余以实告。次日贼又至余村掳掠，就近邻询问，
一一皆实，贼皆信予。鄞、奉二邑之被掳者，尽付余管理。其有
欲刺字于面者，多为劝免，不允，则轻刺其字，使痕浅无迹，贼用
针自刺，血痕洗面，又劝之，后多获免者。有后仓王某被获，为贼
厨司，亦交予管治。一夕四鼓，时贼叫下楼作饭，遁去。明日，何
贼首将杀象鉴桥陈某以立威，余曰："王某之走，在乎楼下，是管
门打鼓人失守，于陈某何干？奈何杀之？"何贼云："陈某是先生
乡亲，先生徇情么？"余曰："不然。立法贵乎服人，事论是非，彼
实无罪，吾何徇情之有？"贼词屈，乃曰"且罢，且罢"而去。大抵
贼之用人，先虐使老者，待其力尽不能行走，即杀之。时陈某被
虐已甚，足又生虾眼，故欲杀之。阅二十余日，将行，贼又虐使陈
某。某足疮加重，自知不能复生，当贼来招，忿言曰："吾不能行，
杀余罢。"何贼绍人，本凶恶，即系出去斩，且令众人往视。众拜
求，俱不允。余知事不可解，默不复言，可怜陈某竟被割五六刀
而死。明日，离东陈五六里屯驻，及明旦，本军勇及夷兵追及之，
贼闻炮惊奔。余意本地被掳者，必知路径，与之同走，祸几脱矣。
孰知此老力薄，至山麓欲住，劝之不从，乃俱匿于松荫下。他贼
见之，又将劫去。行至路口，余思同一贼也，熟贼性情，皆所素
知，是较愈也，因为贼曰："余本某书士，汝虽得之，彼闻必来索，
是徒劳也。"贼以为然，任余行走，方思再奔，贼队四窜，别无他
歧。行不百步，何贼队适见之，乃不能脱。遂由新昌、嵊县至萧

山,一路经过之处,伤心惨目,不忍言状。屋宇零落,或仅立颓垣;人口死亡,或惟存老妇。数百里内,多塞路荆榛;千万户中,少应门龁龀。至于行路艰难,野处露行,无庸言矣。而遇峻绝处,峭壁千寻,不可措足,将从高崖滚下,置死生于度外,而痛先人未葬,一死不足以塞责,且善贼又为左右扶掖者。既至萧,贼开小铺,余兼管店事,门牌在手,尽可出城走脱。既思事贵慎重,至鄞只此一路,发贼如织,见闻必多,即由安昌趁海舟而归。贼众每日多在此处市货,倘被见之,必致伤命。莫岁,本军勇及夷兵又攻绍城,萧贼赴救,几被他贼所留,幸何贼首私忌,以军中有事覆之,遂得同出。至正月初九日,绍贼败。贼闻报,遂由东关陶家堰疾奔至包公山。十一日五鼓,将归萧,余侦知之,即与同难五六人前一日商定若何走法,既成谋。是夕,仍同寝于楼上。不意彼等心急,俟贼俱寝即起,不敢叫余,以手推之,余蒙眬未醒,已俱走下楼。四鼓,余醒,灯犹未灭,不见此数人踪迹,大惊,即下楼,各处寻觅,及昨日指示匿处又无迹,复上楼审视一周,乃思彼已逸去。再数刻,贼起,乏人肩物,余必遇害。即着贼衣下楼,缓步出门。至路口,遇打更人,因大声问曰:"汝见有人从此逃去否?往那路上去?"答云未见。即谩骂曰:"没头绪货,明明从此逃去,尚不见么?要你打更何用。"且骂且行,彼意余为寻逃者,不敢盘问,既远即疾趋。先是,余艰于目,贼掠至财物,有分我者,一介不取。一日,贼有得近视镜者,余试之可意,镜系银边,当吝之,先试以言曰:"此眼镜与吾适合,汝无用此,盍送我?"贼曰:"先生爱之,即甚值钱,当奉送。"即不取而去。余并现钱百余枚,谨藏于身,以为行计。至此用之,手无火具,惟以后路贼火为准,而行过一村庄将息。彼闻贼至,已早起用饭,暗坐待走,见余衣服,认以为贼,各奔窜。余告之故,始稍集问讯,卒乃曰:"此衣惊人耳目,且过江必为官军盘诘,吾有补衣一件,盍尚之?"余取服之而行。又至一村,觅剃头人去发,误入一家,人皆惊走。

或用梯入阁，甚矣，发贼杀人之凶也。时天已明，余只一人，手无凶器，犹奔窜如此，况大队贼过，焚掳杀害，势凶恶极，其有不胆破心惊者乎？去发毕，行五十里至花贡渡，但见携老扶幼，男女疾奔，问之，贼已至余去发处矣。即过江，尽以所余钱付渡者。行至松下，路远心安，始知腹馁。盖自昨夕用饭，已过申未时矣，即将贼呢皮褂换钱四百，始得买饭一饱。食罢，询诸铺中，知有总局解饷船将往宁波，遂趁船而归。船中局友知余儒士被难，并饱金不受，余亦空囊无可酬谢焉。时正月十有四日也，计陷贼连闰月在内，共百六十日。当余被难之日，是夕受纲亦被贼掳去，明日带往寇郡，将近南门，前队贼大奔，受纲坠马，贼不克反顾而脱。先是，六月一日诣郡庙城隍尊神问流年，四十中赐吉签云："飞禽折翼笼中牢，地网天罗何处逃。幸遇王孙怜物命，轻轻放脱免悲号。""仰瞻云里日，出没终无常。且待凉秋至，光华遍十方。""病虽危，祈神佑。讼脱灾，子有救。欲安全，待秋后。"又问得二十三签："怪石滩头水急流，舟行倒峡过咽喉。篙师紧要牢撑住，少若疏虞命便休。""乌鹊向南飞，更无枝可依。月照星朗夜，知止有先几。""座有险，病多危。医与祷，莫可迟。一切事，勿游移。"时贼警未至，余得签大惧，及被害，余因悟数已前定，且无大害，又子被掳未见，故得相机行事，得保性命也。

二年（1863），癸亥，三十九岁。

授学本祠。

是年正月十四日早辰，至北门，先往周彩菱家借衣。用饭后，即至甬江，与丕烈叔商馆事。其子朝政、朝敏将往从，从兄韦塍因余设教乃来学焉。正纲子家骏、允纲子家驹亦来学。其外丕斌子朝□、丕橹子朝明亦从焉。

六月，邀请老友夏芷津庆增至顾从母家绘先考妣总像。当先妣蔡孺人之亡也，贼匪未退，窘于财，敛葬之费已竭心力，况绘工亦各奔逃,无处可灭。至是辗转思维,先妣同胞七人,惟顾从母尚在,而芷津与余交久,未居乡村之前,数往来余家,拜见先孺人。故特邀芷津至顾,仿从母容貌而绘之,并出先考绍堂府君、先妣周孺人单幅遗容合成总轴,简悬挂焉。顾从母及子成母亦各绘寿容一幅。

余当陷贼日,日见贼搜掠人物,行辱百般,恨贼所为。故遇分与财帛,一介不取,为行计,受近视眼镜一面及零钱百余枚,非矫激也,特人心未亡,自不忍苟同耳。及归家中,所藏大小粗细衣服,尽被窃去。箱内有夹板,面不能破,破其底,且厨刀一柄尚在桌上,视此则非粤贼所取已明。况书箱、画箱依然如故,而大件木器俱存无失,此非熟贼取之,其谁取之? 余又白手谋生,招受纲来祠读书,桂女寄食于顾从母家。因去年他在余家食用听偿无几,余又乏人管治,亦情不容却。至三月,彼因侄女出家,金圈已失,以五英洋托余售之,价洋十一元五角,六元五角,余力措代偿,亦为女在故也。孰意伊夫吝财,屡多后言,从母告余,故余曰:"彼所爱者,财耳。吾苦无内助,故寄人篱下,如此幼女,所食几何? 今偿饭钱,当无他虑矣。"从母亦以为然。九月初,送钱五贯至彼,已受之矣,而言如初。余虑从母为难,即送桂女至倪懋德家,时岳母朱尚健,爱怜外孙,固无待言,即手足之情,必当有异他人也。是年,桂女在彼过年。

自是家中乏人,虽乡间住屋仍出房金,而往返未便。每逢先人生讳忌祭,在祠设供,佳节亦然。惟支家漕扫墓,及岁暮谢年新正悬像,归家旬日耳。

是年,有蔡炳之、林川生捏具余名控告顾宏卿事,至事详得复倪懋海知,余始与理论,已不及矣,可恶之至。

八月初一日,诣庄年,癸亥灵显庙问支家漕仕子坟地,得一百六千:"楚楚衣裳振羽仪,蜉蝣飘荡逐群嬉。那知朝暮时光促,再得欢娱未有期。""暴雨骤倾盆,汪洋水满村。崇朝泅可待,无本岂能存。"又问,得第六千:"男儿壮志欲前图,负剑长驱入帝都。莫道此行无遇合,登坛拜寿握兵符。""旧业正更新,前途利远行。喜逢嘉会处,含笑乃相迎。"

同日问终身,得七十二千:"得之非喜失非忧,乌兔循环春后秋。一夜高歌相燕会,明朝愁绪又从头。""尖尖一烛甚光辉,照彻华堂入翠帏。只恐狂风时霎起,天昏地黑竟何归。"

三年(1864),甲子,年四十岁。

仍馆本祠,从学朝政、朝敏、纲钥、纲钺、纲钿、家栋、家菜、家骏等。

四月,学宪临宁,余赴试在城,考古学日,夜暴雷雨,子刻雷击祠左边柱,从头至尾对劈,上下均平,若锯然,半碎半完,左上内柱与左内正柱及左外正柱,上下中外俱遭损伤,而屋上只击坏左傍鹰爪及瓦数片而已,奇矣。而正学祠亦于是夕是时,雷坏左傍鹰爪及瓦数片。雷火之光,炫人耳目,是奇而又奇者也。助族兄企杏、朝坛修理祠宇,木工张长庚半柱用架抬梁,以半柱合之,用箍圈好碎伤者镶之,而泥工翻瓦做脊,费较广,工毕,始备礼祭祖。

正学祠每年春秋官祭,向归本元房,家贤与祭,其日必整衣冠,随班参拜。与杨、沈、舒共领胙肉,约斤余一家。杨氏住慈邑北门外,人多务农,少诣祠者。沈氏虽居镇邑,江南之崇邸,而皂荚庙旁中宪第即世大夫第,亦端宪后裔,每祭或有至焉,惟奉邑舒氏俗尚以有事为荣,每祭必至,且强占祠傍小屋,出租收花,尽归私囊,甚至草履短衣,强索胙肉。干邑主怒,通详各宪,将祀典革去。虽沈氏纠集祠内绅士,具呈学宪,得复春秋二祀,而主祭已分派学官胙肉,只给百十大钱一姓矣见中宪第沈氏家乘。盖是祠之建也,始于明薛学宪应旗详见碑记,嗣后修葺,或公帑,或私捐。至康熙二十四年,王学宪投牌示该县修葺,并饬儒官讲学见重立碑记。及道光年间,余先伯父轩蕉又纠郭□□及顾�来澜等,捐资重修。是举也,虽众力助成,而郭□□之力居多,议者欲于祠两旁复造小屋,一边为厨房,一边设郭□□之主,两旁仍可为二祭享馂之所,公义、私情一举两得。而舒氏阻之,遂中止,及发逆后,祠宇虽存而装饰尽行拆去,大门以缸片及石块塞之。惟小屋舒氏为出租计,先为修好,租与伊族隆兴香铺及丁善钦小木作。由是祠内中堂堆积秽物,铺设床帐,不堪瞩目。而神座只以毛板一条支之,安放各主。大门白板扉二扇,为藏物计也。贼初退时,余偶过此,心甚测然。本欲自立捐簿,先向林太尊均开捐,因寇入时太尊曾在神座下避乱故也。从此劝输为修葺费,祠可成矣。事尚未举而身先被难。及是年春祭,家贤父子俱往宁海,余乃约企杏兄同往。至期黎明,即空腹往候,召快舟诣祠,至饭后办祭,礼科书吏未至,稍用点以充腹。企杏有事先归,余在祠。适日信房士颖、纲锋自家出甬,过此,见祠门大开,入内观玩,因留之。且告之,故衣冠在此,亦不必归取。彼见如此景象,已心动。至雷击后,遂起修理之议,归与丕烈叔商定,择吉兴工。及告竣,共用洋三百四十元,二人分承焉。木工皆系包做,不秽祠宇。

舒姓香作恃其积势,屡劝其搬至小屋,使中堂洁净,屡约屡负。至十一月,余不得已乃集祝渡、东湖诸宗,具呈邑主,请谕禁止。然皆先贤之后,不忍使伊差役之恶声并破钱财。故请示时,即自给差费。余且先至舒姓说知,令先期搬出,免多滋扰。出示后,特令差役同地保至祠,悬挂令,约日期,催促而已。请禁事系族兄似杏朝坚办,费洋九元,示稿零。详具呈姓名,职监袁宇春、袁永清、袁维乔、袁撼,生员袁世济、袁朝清、袁士杰、袁没,廪贡袁顺则、信芳等。示另纪。

是年,受纲在祠读书,有借洋与朝萃逃至鄞江桥,寻朝萃事。盖是时,朝萃为鄞江桥航船伙纪故也。

桂女懋德家至府厂倪日新家，盖将娶妻陶氏，岳母往故从之也。企杏死于是年。

将在下年再查。

四年(1865)，乙丑，年四十一岁。

三在祠授学，从学者多如前。

正学祠春祭到者，祝渡近川、承锜，东湖贻燕、信芳，下杨舒舒具效汝楚二人。

作《事实册》确在丙寅，非丁卯也。

余将请先正献公从祀文庙。五月十五日己酉，与士颖同至杜荣光处，占课以定成败，得"升之艮"，断云："事则必成，但多时日耳。若明年，可成幸矣。"即与同至东湖，族人瞰湖世济考寓与商，又与士颖至西门宗人萼楼家，候杨懋才、希姚、学浚用午饭，候即同希姚、士颖至陈贡士子相劢家商，子相云："此事非徐舍人柳泉时栋不可。"至闰五月十五日，☐六往眉批：六往，十八、廿八，又月二日、六日、八日至十五日，六次矣，故云"六往"子相家，与同至柳泉家与论此事，甚蒙嘉与，且云："此事吾初见《絜斋集》时已有此心。"未遭粤匪时，周佩斯道遵于张学宪星白锡庚将临郡前，曾以慈邑黄东发震，请从祀稿来，且邀余具名，余曰："吾邑中有可从祀文庙者，何子未之知而他邑是先耶？"佩斯茫然有顷，请间余曰："袁正献其人也，若以此公请吾当与，闻今子之心与吾之心同，甚可喜也。但虑费用耳。"余叩其数，曰："三千金。"及叩其用法，曰："此事吾亦曾办过，但由县通详，自县而府而司而院而部，紧要书吏必需重酬，极少当不下千金。"余即起身，直承则曰："文吾自任之费用，汝措办可也。"既成约，告别而归。七月初，先与士颖、丕烈叔商定，各认洋一百五十元，以为先资。然后禀告宗长，邀集族人至祠劝捐，人多非笑之，少有至者。幸此事眉批：时升桥宗长宏定。余于闰五月下旬知，吾族除士颖、丕烈叔外，无可与言者。而丕烈叔本无定见,恐其中格,余特邀升桥支楚珍、景安来城,盖楚珍曾怃建祠宇、创造宗谱者也。余之与楚珍交也,于前年造谱时特来访余世系。余一见如故,许其能详告之俾成功也。故成奉主入祠,余同丕木叔往贺焉。丕木叔盖为余钞先正献公下半墓志文,亲往楚珍家者也。是时,遂同楚珍、丕木叔、士颖买棹往竹江劝捐。次日公议,竹江认四百元,升桥派百元,大堰头派百五十元。余曰:"贵族居竹江,户逾七百,祀田逾三千。吾族百余家,祀田不过千。今为此事当从贵支后,若贵支四百,敝支亦四百,合东湖二支,金才上千,恐不能成事,各增百金,何如竹江未允而止。"既录捐簿,遂与竹江周煦宇春、芝孙澍及同来数人往上虞,小越眉批:小越系昌公后,时绅晋藩字筱莼,严州淳安训导,子炘照廪生,仑字遐斋。初至,早饭后即具大烛上香,衣冠拜祖,甚不礼待。幸宗长多情,各处奔告,始有备席。邀请者至次日复诣祠,请观宗谱,见系新昌令元公之后。正献公虽在内,而本支纷纭舛错,罅漏不堪指数。余意已轻之,况彼多分支在前为词,知其吝啬不能成事,即告别。次日扬帆,午前至和山,具香烛拜祖,邀午饭,用礼薄而情厚,始赴焉。据云是正肃公后祠,后有衣冠墓,形状甚低。余因此言,忆前修谱时,见大伯春堂所钞大父璞斋公世系稿本,外载和山有正肃公衣冠墓,系公仆人之后。见墓而信,遂不力劝捐焉。归舟至竹江,送周煦、芝孙上岸即回,归后又与丕木叔、士颖往大堰头劝捐,派定之数亦蒙许允,惟升桥楚珍自认劝捐未往,后因力薄,捐数得十之二。眉批:据和山覆书,劝捐当在丙寅年。时和山初事宝林,和山长启龙金荣宝麟、伯申、锡坤,见丙寅十二月二十日来书。时大堰头宗长万元、世济亦知事,升桥长宏定。

正学祠自去岁兴工,至四月间告竣,择十八日奉主升座,时学宪临郡,各县乡士子云集。余先在校士馆前及鼓楼下高贴知单,所由镇邑崇邱沈蓉沼文澜及本支赓薰谟、周煦宇春及□□兰灿瑞燕、廷鳌瀚俱来与祭。至世大夫第沈惟英莼葆,瞰湖世济、小楼、顺则、贻燕、信芳,奉邑舒姓俱先期邀请,故多集焉。惟文元杨公之后,居慈邑北门外者多务农业未至,而士颖邀南城内杨希姚学潜代之,盖彼固自云文元之后也。西袁萼楼杰亦至焉。

正学祠眉批:正学祠是岁三月六日辛丑时辰请主,十七日壬子辰时动工,四月十八日壬午、寅时进主,天一☐选。于去年出示严禁后,中堂蚤已肃清,至本年春祭前,舒姓香作因小屋不敷所用,乃迁居于镇明岭之南。而丁善钦小木作情愿租住,升主后,中堂、前门、耳门等俱用木铁二锁关好,照式备钥二副,朔望拈香,则开耳门。一副士颖收掌,一副交奉邑舒姓。不料五月廿二日至祠适遇丁善钦窃开祠门,于中堂堆积物件。余偶入观瞻,突然见之,心大疑,惧恐滋弊端,遂与士颖商,召舒姓知事者,即唤地保楼廷鳌驱逐。舒姓断云:“备礼请罪则已。”余云:“祠规方整,彼敢如此,将来何所不至。况我辈祖宗各有祭祀,亦无此辈之请罪也。”吾谓此事可饶,而迁徙必不可缓。众以为然。乃限又五月十五日出屋,后至二十一日迁去。当余之入祠也,见堂中贴舒姓香作武员报单一纸。私问之,云:“用梯由墙上而入也。”余曰:“此荣耀事,当取祠钥,大开祠门,鸣锣击鼓而入可也,乃学偷儿法,贻笑世人,何所见之不广也。汝不可复言,吾当为汝讳之。”时舒姓知事昌运樵仙在小屋作寓即香作迁移之所,而善钦木器之入。余固知舒姓将尝试之以败祠中规约也。而余之不追究报单事者,不特同为先贤之裔,言之不雅。且令昌运等内自愧悔,得以同心驱逐,不致矛盾也。其后屡劝舒姓将小屋租金作春秋二祀,四姓子孙轮值,当办费用,反覆劝之而不从,则甚矣,利欲之害人深矣。抑亦奉俗侍强之积习欤!

六月十二日,桂女自倪氏归,乃寄食于周港岸李镇源甥家,每年归食用洋十六元。先是,辛酉年,日新定业北船,余以货托售,初次仅归余本,而豆饼余利,为日新借去,及秋再往。余复以磁器七十余千寄售,并前余利回儎,统嘱售豆饼,船未进口,而粤匪已入。余在乡避乱，船入镇邑，将货尽行售出。岁暮，余知行至白沙，探问，下船询之，只存杏仁数件，无人受售。时余虽甚拮据，无可如何。至二月先妣去世，复往彼取资，杏仁亦仅存二件半，不得已取上，托丕烈叔转售，得洋九元六角。无论此番来货价俱昂贵，即去货，及余利已不下百余千文。以百余千文之本，仅得未及十元之洋，负义欺心，一至于此。故桂女之在伊家，实非本心。至正月，岳母朱已亡，即视桂女如仆隶，终日在厨下，夜则任其独寝，并不一问。余每往心痛，然家无内助，不克领归，隐伤而已。至五月，日新以余不领归，遂纵妻肆虐，责其小疵，驱出后门之外，不许入内。至晚，桂女大哭不止，邻人劝之不止。夜饭始来召余，日新先避走，余大怒，声色愈厉，责其忘恩负义而归。次日，日新来，又大责之，遂有是举，其钱迄今并无分文收归。

冬至前一日，始与徐柳泉先生约定。明年正月，觅一处僻静作寓，作《事实册》，且云："当在城西，便翻阅书册也。"

为从祀事，查书一年，并先抄史志、传状，并作从祀事实初稿，所阅书目在后。

七月赴省试，寓钱少瀛家。

正副主考宗室瑞联癸丑进士 侍读学士、董兆奎壬戌进士编修

值思永祀。桂女寄食李氏，六月十二日。

是年，为从祀事查书一年，目载明年。

乙丑八月六日诣郡庙，问受纲事业，得一百三十千，诗云："狰龙腾跃太猖狂，我欲肇之何术藏。但顺性情无拂逆，果然柔道可乘刚。""小忿起干戈，相寻何日休。能为天下谷，齿敝舌犹留。"

是年十二月，韩维城控余之名向补厅具呈索取如意院僧平衡事。周蕙山毕知余，余即往小香询，知确实本物，具呈究办，因念俱系诸生而止。

五年(1866),丙寅年,四十二岁。

四馆祠从学多族子弟。

正月廿一日,在郎官。第内族人朝芬家借厨起火。邀请徐柳泉夫子作《事实册》,陈子相先生与焉。至二十日,始就初稿,各散归,徐子将初稿及《絜斋》《蒙斋》二集带归,在家改正。是时,子相先生早起,柳泉夫子至天明始睡。余一身兼侍,起不能迟,而每夕就枕必待四鼓酒点后,始可兼之。厨子无能,朝芬不克管摄,每日物多妄费。又调理内事至十余日,邀大堰头懋才、贻燕、信芳。才一夕,托病舆归。幸祝渡孝廉芝孙澍召至分任,有人暇时,得暂息焉。时祝渡周煦宇春来一次,荣春、丕木来五次,士颖、纲锋来三次。振德、丕烈以他人送菜一席,送至,徐子亦以人所送菜一席,来寓同食。

袁家山亭山公墓地被张润滋窃占后,并占君子营卢姓墓地。卢姓控呈,故邑主秘云书于四月廿一日至墓勘验,已将所占余祖墓地标签插好在内。余闻即往,将吾地内签尽行拔去,与润滋面质,并促鲁泉检契,将执之面禀。此事本可先禀,后补呈及契。因鲁泉素性奸滑,受作多端,倘事已呈控,而鲁泉云契已失,反遭其害。召之果不至,余乃归祠以图后举。时月房丕耿叔犹在墓所,县主见他情形,亦曾询及令送契,质验方可。下午,鲁泉至,捡出地契两纸,令伊侄纲钿照契录出。时纲钿从余学,命伊书者防鲁泉之赖与变也。余说即宜补呈送契稿,不可再缓,再三劝之,彼已变计,托与丕烈叔商过,且从缓为是。明日午后至,反使丕耿叔至润滋家理论,不拆去则送契补呈矣。润滋不见,伊妻言:"汝欲送契则送耳,何告为?"丕耿叔归,心大不平意。鲁泉闻之,不知若何振作也,而颓糜如故。润滋时恐两案并发,挽人与鲁泉说合。润滋时开心亨钱庄,鲁泉知永康庄事,往来颇切,信以为真,借此并唆正纲、允纲二侄背余。余独力不支,即大声疾呼而腼然受之,不以为耻,宁弃祖宗墓地,而不肯一伤人情。盖利心胜而天理亡,茅塞难开，竟至于斯邪。余于是展转图维，始得一隙。盖前日墓前，县主所询及者丕耿叔也。后日使至张氏，受气者亦丕耿叔也。丕耿叔为月房长，余为日忠房长，吾二人具名存案一纸，其亦愈于己乎？丕耿叔固有积忿，余因反覆激励，且云："只要吾叔具名而办事，与费吾自任之。"余盖知彼所以甘忍鲁泉之欺者，特因财势不足耳。及闻余言，不禁怫然曰："禀县主者余也，告润滋者余也，余虽贫于鲁泉叔也，鲁泉虽富于吾侄也，以侄欺叔，吾岂忍乎哉？无可奈何耳。况事关祖宗墓地，稍有人心者，谁肯默然乎？今子能任之为之，可也。具名吾分耳，又何问焉？"于是归揆呈词，据实申诉，并邀老友夏芷津摩仿墓图，以备补送。于十一月三日将送呈词，鲁泉特至余馆，同至县前，并认代书钱及呈入而别。彼盖因前日润滋涉讼事，浼人与彼说，曾许重价购地，及卢姓讼结，润滋中变，今日具呈，彼恐日后得利，难言均分。故特认小费，先占地步耳。岂知所占之地，皆属日房。余所以必欲月房同控者。因侄辈胆小，且吾地本与月房为界故也。岂忍以百年墓地易数亩腴田也？虽重利胡可易也？于初八日得批详俱见《假山墓事簿》，后鲁泉又言李笙南维镛浼人与说此事，任凭要地要钱，但将地契与彼，彼即代为具呈，有赢无输，而小费一切不用自备，彼将从之来告余，余曰："此易知耳，何子涉世已久，而犹昏昏也？天下不近人情之事必非好意，我属子孙分无可觊，彼非谋利，胡为替人申怨，并出小费乎？倘或润滋畏笙南之势，饵以厚利以携其心而缓其狱，子将奈何？更有可虑者以厚利，故于讼词内伏一小隙，为翻案地则是倒持太阿也。即或润滋不畏其势，笙南不携其心，屡讼未胜。财力俱穷，其肯甘心自出资费乎？是不得于彼者，必将有求于我也。是一讼未已，又生一讼也。子其思之。"鲁泉默然而去已。而鲁泉以润滋墓前，厝坟三穴，本日悌永□及配张氏，旁附子墓。乏嗣未继，又唆炳初、纲棫认继淋坟，以惧润滋将索利而他从。余思此坟既已乏嗣，得乘机加土，以安体魄,亦一佳遇。于是丛其兴功以成之。夫炳初故乏钱,鲁泉以为张氏必售,并为代填,而又恶其名不居,使至茂生暂借而已。私与之,润滋果惧,挽人与鲁泉说,许价四百金,事将直矣。余闻之,走谓炳楚曰:"贪人之财而徙绝嗣之坟墓,于心安乎? 况四百金除地价做坟外,余亦无几。且本房必有起而相争者,是徒被恶名而无实利也。必欲迁墓,非千余金不可,是诚在我且缓诸。"炳楚以为然。余细思此事,权在鲁泉,虽一时听从,终属未妥,于十二月十八日据实存案一纸,以绝其意。盖墓系日弟房而余为日忠房长,日孝房长年少于余,故可一己控呈也。自此以后,鲁泉利心既绝,亦不复言。而墓地并无一人提及者,然案固具在。追复得助,易于反掌耳。呈批附详《假山墓事簿》。盖是事之误,始于从兄敬如朝宾。当润滋未葬其父益斋时,明知袁氏墓地不敢强占,于吾祖亭山公墓右及右后余地,先造空穴,俟袁氏出,再行理处。时余寓居乡村,及知,同正纲即赴宝成米行告知。时敬如兄主宝成行事也,而彼竟置若罔闻,反以余为多事。久之,润滋始于陆氏地造穴葬父,坟前只铺洋石三方,亦未敢公然侵占也。及粤匪紧急,人多思避,吾族亦各他徙,润滋遂雇工铺筑墓前祭坛,皆吾日忠房地矣。明年四月,贼退。是年,思永祀当办适值,乾利房德纲等未能扫墓。八月,贼复至,余又罹难。润滋以吾家无言,又将祭坛前铺砌拜坛圆唇石步。余每于扫墓时,与子侄等言之,皆恐伤财,并畏其势大,未肯相助。余又乏财,不克独任,故迟之于今。今又如此,可慨也夫。吁! 墓地之复未知何日矣。案润滋父益斋墓穴本湖西陆氏绝嗣厝穴,夫妻双亡,无地可葬,故附祖墓旁,其左即陆氏祖墓,栏土刻"地与心灵"四字,两傍各有石鼓形栏土镶之。其右亦袁氏墓,后为卢姓墓地,前即余日忠房墓地,四足并无淋脚。益斋未死自以知地名,欲谋此地,卒未能得。及卒,嘱子润滋,故润滋托宋绍周等谋之,于陆氏之有势力者得之。尚未敢直售,使宋氏售之而转买之。故迄今石界犹是宋姓,其价固不赀,而其心亦良狠矣。及造穴后,左旁不足以安栏土,又将陆氏祖墓石鼓栏土拆毁,现将石鼓两方平放,其左祔穴,右旁占袁氏墓淋脚,左右前后俱占他姓之地,富贵而为盗贼之行,唾骂千古矣。即曰:"亡人有言,此乱命也。陷父于恶,其得谓孝乎哉?"

是年,修杨家水畈日月祀墓。

杨家水畈祖墓前祀田内佃户袁宗法系西袁柳庄公后私放粪缸一只,坟前焚煅焦泥,积秽满地。十一月十六日冬至,士颖侄告余形状,于十九日与正纲步行至墓。顺至新河塘,先召地保钱瑛同去看视,宗法自知其罪,情愿备香烛糕饼祭祖谢罪。押令粪缸迁去,焦泥扫净而后归。十月初三日,乾纲等五侄分家,代作分书序文,并下五房,押其夕会饮思思永祀。祀本已各分散,三房中作行本亏蚀,因劝令派洋五十元作三代祀本,并劝德纲侄等助洋十元,合存永康庄鲁泉手,生息置产,于戊辰十二月捐存洋八十三元九角陆分。

是年,又查书一年,《四库全书提要》《宋史新编》《宋元学案》、刘端临及其子《崇祀乡贤录》、《真文忠公集》已上去年。《黄氏日钞》,许谦《诗集传名物钞》八卷五册,谦东阳人,字益之,号白云先生。朱倬《诗经疑问》七卷一册,赵悳所编附后。倬,元进士,字孟章。朱善备《诗解颐》四卷二册,善备丰城人,文渊阁大学士,字万学,号一斋。《子明诗传遗说》六卷二册。《逸斋诗补传》三十卷八册。二书失纪姓名。吴澄《今文尚书纂言》四卷,元临川人,即草庐先生。陈大猷《书集传或问》二卷,一作《尚书集传》,大猷,东阳人,绍定二年进士,历六部架阁官。同时有都昌陈大猷者,号东斋,尝师饶双峰,仕为黄州军州判官,亦著《书传会通》,实元陈澔之父,与东阳别为一人。黄度《黄氏尚书说》七卷,度新昌人,谥宣献,仕至礼部尚书,兼龙图阁学士。胡士行《尚书详解》十三卷,士行庐陵人,临江军军学教授。时澜《时氏增修东莱书说》三十五卷,澜,金华人。傅寅《禹贡集解》二卷,东阳,杏溪人,字同叔。薛季《宣书古文训》七卷,永嘉人。王天与《书纂》《通志堂朱子大全集》。

六年(1867),丁卯,年四十三岁。

本定馆于祠,后散。

正月十二日,徐子家冥寿,余自备礼物往拜,与柳泉子定约于十五日往徐家作呈词看语。至期,往邀同陈子相先生并召刘艺兰凤章、陆渔笙廷黻、陈钧堂康祺分段起呈词看语。草至十九日始就,后陆、陈呈词,徐子改正居多,中段刘作,大约存者过半,看语刘作,府尊边用之,陈作,县主秘用之,拣余陆作,则为绅士用之,事毕归祠。次日黎明赴校士馆甄别,三鼓归。因连日辛苦,次日晏起,受纲已于早辰窃往,余起未见其人,启钥检箱,失洋五元,知其已走,即使人寻觅。至后张鸿道家同往洪港岸遇之,因天已晚,鸿道留宿一宵。次日,受纲出外又走,鸿道即于是日带原洋四元至祠告知。至二十三日,同丕木叔至社坛桥张圣传术士,占得一课,断云:"走远,可向西方寻之。"遂唤划船往西坝一带访问,一路无迹,至坝上饭铺云:"昨夕航过船中人至店用饭,有一人短小,坐而不食,诸人曰:'若无饭钱,吾辈当代偿之。'"余思受纲既乏银洋钱,当无多疑之,时已廿四日矣。复至半路庵,特卜一课,又云:"往西。"二课相合。余遂换长路,划船由西江长往过余绍境探问,皆杳然。遂过江至崇文书院弛担,适明日甄别,即填册作文三卷,至四鼓完卷,聊备小费,又以为用度。又明日入城询问,并无影响。余思半生,家运颠倒异常,遇亦穷矣。今子又如此,归亦何益?遂决计肄业院中以图进取,即本年乡试亦可免一番往反,而崇文人多,院不能容,复徙敷文书院补卷领米。崇文甄别卷一超、二特费用已有籍矣。再加敷文卷尽可过日,主意已定。不意余至省后,丕烈叔与士颖累信相促，皆云："受纲已归。"余未深信，徐子又必要余归家方可办事，余意未决。

三月初二日，不烈叔托信船带受纲至省，适士颖之信又至，且说从祀之事，非余归里，柳子云："必不能办。"规以祖宗大事义无可逃，且寄归洋陆元，不得已即于次日过江。及归，因思馆已散矣，家在乡村不特办公未便，即桂女寄李，受纲在家，二处费用亦属不少，乃定居社坛巷内此屋，不谓屋方定实，而受纲又走，被日省遇见，召至他家。余择五月初七日进屋，初六日下乡请祖。及至，日省已带受纲至家矣。稍戒饬之而止。

六月十四日，余为从祀，具呈事在徐。受纲又走，幸乾纲赶转祠人报余，余于十七日事毕回家，阳严责而遂出之，余即他往，阴使人招归，令入楼上静处，每日茶饭搬进，戒勿下楼。至二十日，在坤源庄代县吏写从祀送详各册。受纲又走。镇邑寄归一信，既而至奉邑岳林寺又寄一信，俱交日省。余因欲赴省，无计可以招之。

七月十六日，因办从祀先赴省，寓厚丰钱庄，至八月移寓碗行姚宅。先是未赴省，特与徐子议定，司房讲同杨小苑为焕，因彼主慈邑云华堂事，曾办节孝与司房往来也。屡访未遇，及试毕，遇诸途，遂于十九、二十、廿一三日内连次同往伊门人程纫珊家。盖纫珊家本当司房，而办宁波事者，曾为七市叶氏义子，而受业于小苑。今虽业儒而司缺，倩伊从兄仪阁代办，故说费必至伊家也。说合后返里，受纲又未归。至十月中，余亲至岳林寺访问，云："去已久。"见寺中有受纲笔迹，或云："此地欲剃徒弟，多寄山僻小寺院，半载寻者绝迹，然后去发。"余疑之，诘问再三，乃云："前遇石头山中僧云：'有此人，可往寻之。'"遂步行入内，夜宿小饭铺，与脚夫一处同睡。次日，由下田畈至石头山，寻之无迹，后寺中一老工云："前山小回香庵前有此人。"访至庵，适遇一僧，反锁门户，将下山送礼。余大声喝之，彼曰："数日前，吾遇此人夜卧山中，带归庵中居数日，不知去向。"我亦探问未着，即同僧下山，至街上饭店用饭，后再三托嘱而行，出南渡趁舟而归，已历三日矣。不知受纲已往上虞界山寺去发为僧。至次年四月二十，外始归。是年，寅月辛巳占子出行，得"临之贲"，酉月辛亥杜荣光占子出行，得"渐之遁"，课俱载后。

二月二十三日，在省时，诣上天竺观音大士问子读书，得签云："月照天书静，云生雾彩霞。久思离别客，无事惹咨嗟。"

五月初七日，由港洪岸迁居此屋。是年六月廿九日，县详各宪。八月初四日，学宪吴批转。

六月二十日，代县吏钞从祀等册十套，邀竹江、芝孙等五人至泗顺行分写。大堰头召而未至。余与永康庄梁、陈二人，及坤源伙友在坤源庄分写，韭塍、朝璈来。二日茗香，纲铭亦托事不至。时天气暑热，连夜紧赶，余则日中钞录，夜往泗顺校对。慈人素耽安逸，日中劳苦，夜饭后方思寻凉，而余已至，令伊校对，阳虽顺从，而阴辄苦之，有呼余为怨家者。后至泗顺，吾亦自呼曰："怨家来矣。"以发一笑。

二月，在敷文时与同院友为存诚会课，课文以为进取计，支琢如廷玠、钱复堂仁瑞、吕月峤岳孙、陈端书蕃、陈岳卿星占、沈懋卿保功、陈丹崖晋珊、袁升甫子乔、钱锡川敦田，已上俱嵊县人。及严州胡羹甫萃和、湖州时宽夫盘，皆会内友也。二月二，院花红膏火除已收外，花红外尚有钱十千零，敷文饭钱已付清归家，此钱余并崇文卷子托镇邑宗人韵轩训代收。执意李阶升云衔、张丽生□□、范韵、钟允中及邵子和光煦等接余卷子不得，将敷文韵轩等俱行藏没，使人求之不得，以余卷往换，亦不得，几乎大斗后，阶升等自知理曲，不敢过湖。及发花红，余钱亦尽为阶升收去。盖彼争余卷早为取钱地也。及省试，往询互相推托，无一还者。

七月赴省，初寓厚丰庄便司院公署，易于办事。至八月初，移寓姚宅，与夏芷津及周可表宗坊、施楚江瀛芳、姜瑛甫显瑞、陈立刚信、骏昌诸君同伴至二十四日过江，廿六日到家。

主考正□□副□□。

题。

二月二十三日，诣上天竺观音大士问终身，得九十七签云："雾照重楼屋，佳人水上行。白云归去路，无复月波澄。"又问，得签云："否极方逢泰，花开及晚秋。人情不周备，财宝鬼来偷。"

初秋试之在省也，前因房书程仪阁德廖酷好嫖赌，屡往未遇。至八月二十一日，始得与小苑同会纫珊家说成纸笔费，连院房在内共洋七十元。详后付半，奏后付清，乃别。不料此事仪阁并未办过，奏折限二十七日到京，必差官赍送不可逾越，虽属公事，既有笔资，亦当些少应酬路费，而题折限三月到京，即稍逾限亦可，即可乘便附达也。仪阁未悉曲折，既连院房包在其内，后与人商，始知费用不足，故将详文奏请改为题请，并节绅士公呈原文出，详后。信至，余以为误写题字及未叙原呈耳，但将费用缓付以询确实，及一再书至详稿皆然。徐子始发信与小苑令仪阁改正，始付笔资。小苑得信，将原书加信寄纫珊，往返数次，俱至言得款不可改正，且行文至府再取事实等册三套。余又将此册写毕交出，即于十一月廿一日再赴省，过江寓阜康庄内，以此庄与各司房往来声气最通，便探问也。用点后即至纫珊家，详细与商。初犹不允，迨反覆辨驳，理穷词屈，始许往商。至仪阁家，避而不见，即途遇之，又托有要事而去阜康。居司院之中，书吏办事者，往来必过仪阁，每日三四过未尝一人也，而特使纫珊诱约以骗费耳。余乃与阜康庄友张名扬、汪新斋德生商，将别觅司友、院友辨理，议已定矣。恐仪阁未曾覆实，日后奏出费用两处，陈鱼门政钥犹未到省，无可谋者，于十二月初一日，诣省垣城隍尊神诉述情由，以决从违，得九十二签，下下，云："好事欲成破斗多，今岁皆因运度差。知己忽然生怨恶，更兼人事不相和。"解曰："事掣肘，常八九。命宫内，进天狗。怨恶来，俱旧友。人不和，须谨守。"得签后，毛发悚然，灵哉神乎！何其奇也！不独悉中情事，且今年运度亦为说尽。盖余初赴省，本为受纲丧财甚夥，而应得花红膏火又被阶升等收去。及是三至省城，寓阜康庄，为其司房交好便作事也。孰意庄内管衙帐三人，汪新斋接待官员幕友、司院书吏，专属韩小园经手，仪阁与他交好，未赴省时，曾替仪阁发书向厚生庄丕烈叔索费。及余至，说及此事，彼即云："七十元之数如何办得？若要专奏，极少四百金方可。"大抵管衙事者费钱，过手少亦有二分之利，故数愈多，则利愈厚。小园此言为人实为己也。余大声答云："可恶！仪阁就要加费，亦当出来相商，何已避之而使人诱之也。且本数即要百金，即加，依他亦罢。"小园见余不从，并不付费，已多矛盾，故云破斗多也。合家事与公事观之，则今岁运度之差可知。仪阁为纫珊从兄，而说合之由在小苑，今误辨稿不付费，两相争论，小苑、纫珊师弟情伤，是知生忽生怨恶也。后鱼门来省，往内禀明，新斋在外说妥，仪阁闻特先奏出以败乃事，岂非人事不相和乎？四句切实相告，并无一字落空，即同在局中，亦未必言之若此尽情也。吁！灵矣！叹服之下，又恐事或不成，即拈香拜祷，再以成败为问，蒙赐第十签，大吉，诗云："云散星分月正明，献策报书事吉贞。大喜若逢春未至，三四光辉禄自成。"解曰："浓云散，月自明。献书策，至天庭。求财利，夏初临。三兼四，禄事成。"得签细绎，知仪阁等之为浓云，不久自散，不足虑也。"三四光辉"者，解云三兼四，则为七月，可知禄事成者，尊神已先示以成期也。盖题折到京在二月廿二日，所云"春未至"者，盖春末也。阅解"夏初"可知，是年二月下浣，早交三月节矣，而上谕之下也，在七月二十五日，则三四之确也。况"献策报书""至天庭"等语又的是之事乎。于是心中大喜，其日晚饭后，即独往仪阁家坐，索回音。其徒始喝，余以归否未定，恐不能待，余大声曰："今已是腊月，吾速欲回里。不得实信，吾不能归，既如此，寓于阜康亦无益,可备铺盖,吾将居宿于此。"其徒始瞿然,再三约定明日面会。始归,次早复往云:"已往纫珊家,即可同伊至矣。"即赴纫珊家,又云:"已同去。"归候至午后,纫珊始至,以院房题稿来云:"此事实难挽回,足下只求成功而已,何必执意。"又将以稿赚钱,余云:"昨又得绅士书,云不得改正,即分文不可付发。"纫珊又固恳以为司书已误,不必言矣。而院友半费自应给彼,余曰:"院友之误由司书,吾给院友之费亦包与司书,此事总问仪阁可也。且事若得成,无庸言矣,一有参差,吾将于仪阁是问,尚求费乎?"纫珊再三婉恳,余思小苑面,乃强答曰:"吾归与绅士商,或蒙许允,即寄至,始别去,当予之未赴省也。"得总局王意山方照与省局汪时甫□□书令,伊面禀抚藩各宪,改辨往候二次不见,以书先之求见,亦未得,讨其回信,始云:"此事属员胡能为?若鱼门到来,与之同说可也。"先是,意山曾以书托时甫,时甫满口应允,故发此书。及事既至,始避而逊谢,盖世之虚言惑人,奉承以求媚者,大都如此。不第仕途中然也。时鱼门在申江,徐子已发书与彼约至省相会。及十二月三日到省,即日从时甫公馆得信,知寓孙贻经家,即往访。过清和坊德生昌钱庄,见门外一轮后悬陈政钥名片袋,即进内相见,约明日往候。翌已往,备说曲折云:"不日内,吾往见抚藩二宪,当面恳之。"过阜康再商,见藩宪云:"已详出,当恳抚宪则可。"及见抚宪则曰:"稿已判出,若未发行,吾当为兄弟改正。"已蒙许允,遂至阜康,与汪新斋面商,新斋云:"吾已与司书议定,必须本县再行。"详文云据绅士某某等呈请入庙,大事依咸丰年间部议章程以奏请为定例,乞改题请为奏请,并录绅士公呈原文以便查核等情云云。方可上禀,问费若干,云百五十元。余即许诺。鱼门云:"由县再详多废时日,年内不能出奏矣。今边太尊在省,前日遇见亦曾说及此事,且知汝为此在省,曾云:'若有疑事可来见我。'吾与汝面见太尊,如汪兄说具一禀,由府径详免,多转折,内外已妥。"当时初十日申刻也。次日早起,余往鱼门寓,写禀方。写及半,汪新斋使至云:"题折已发,事无及矣。"噫! 小园之忍心也。盖小园与仪阁以利为,必可得知换人改辨,恐他日成事,费用无着,不如即速题出,若能成功,费固可取,即或部文驳下,反可要索重费,为改奏地,计之熟矣。不然事隔一宵,若非小园报知仪阁,耳目虽长,焉能如此其速哉? 甚矣。谋利者不得不止,如是也,闻信即反阜康,即日别诸友,过江。

　　十三日旁晚至灌浦,天即起风,离西坝五里许,风甚,划船将覆不能行,余谓舟子曰:"与在下江睡不能安,盍若辛苦一时,过西坝得以安心,汝能之,吾当重赏汝酒钱六百文。"舟子以余言为是,乃以一足踏在泥涂,一足打桨,旁江浒而行,至二鼓始达西坝。次日到家,即往徐子家告知,各相愤惜,余曰:"省吏已误,可即发京信,恳令银号托部吏照拂,免致驳下,遭省吏毒手。"徐子愤甚,曰:"归之于数而已。"余知其性执,不再言。他日又过之,其愤已平,乃复告曰:"部中费用虽多,必准成,后始付。若只用数百金即可成功,亦甚上算。倘令一驳,虽可用钱挽回,谁敢复任。与其后悔,宁争先着。"徐子始曰:"银号谁有知交者?"余曰:"吾于省中已与鱼门筹之,彼有好友在也。"乃曰:"俟伊回家,吾当与汝往商之。"

　　至二十六日,鱼门归,即邀徐子至彼,即日写《阜康银号经手米元启书》,托伊照拂,遂袖归,交厚生寄去,心始安。先是七月在省,时与镇邑宗人韵轩训送呈册等于崇文山长薛慰农时雨,又与韵轩及黄岩宗人星葩建莘,其弟松友建梅送呈册等于紫阳山长孙琴西衣言,俱极蒙赞美,并许代嘱藩抚各宪速办,惟学宪吴和甫存义曾任礼侍,最为知音,云是册与钦定章程针锋相对,必准无疑。

　　是年十一月十六日冬,士颖于祠告余:"美斋公墓前,佃户安放粪缸一口。"即于十九日同正纲邀地保、钱瑛同至彼,果然,即令宝香法烛安神,迁徙而后归。

十一月二十八日,在纫珊家偶见案上有牙牌灵数并竹牌,因默祝之,占己运度得数云:"道与时违,名微位卑。且勤尔职,录养无亏。"又占纳妾:"荆山有遗璞,雕琢成圭璋。用为廊庙器,免得贾胡藏。"

七年(1868),戊辰,年四十四岁。

本馆于家,因戴邑尊枚修县志,聘徐子等为总纂。徐子邀余入局,固辞不允,复散馆,入局修志。同局陈子相劢,夏佩香启棻。

正月十五日开馆,将以廿四日约正纲同往杨家水畈告土,修美斋、璞斋二公墓。正纲午后始至,乃改期于二十七日,委乾、正二侄告土动工修墓,此后先写修身条及十八事。修费利房出三贯,余俱自用。

二月十三日,学宪徐寿衡树铭临郡,十五日经古,十八日鄞、慈生,十九日覆古学,廿三日覆府、鄞、慈三学生,廿七日统覆一等。余因知迟未赴,次日补覆,有六十余名,此覆创行人未及料故也。是科创九曲文闱入点者,进大门必循阑曲折而至仪门。十五日,往扫穆公岭及绿野岙墓。

三月十三日,扫先考妣墓。十五日,扫思永祀墓,因路异且多,故择日另行。

十八日,赴甄别。

三月初九日,徐子接陈均堂都中二月廿一日来书,云:"题折尚未到部,即速催赶,迟则吾辈出都矣。"徐子他日知余,余往询其详,乃于十九日特往西城外秦维城占一课。是日丁卯也,得"火天大有",秦惊曰:"此何事也?达部与君非寻常比,莫可大于此者。"余曰:"是诚然,但目下省文尚未到部,宜可小费否?其事成与不成,并为余决之。"曰:"此卦象本上升省文,吾知其已到,不必忧虑,何用小费为?且事必成,期在七八月之间。"时余喜其言,与省垣城隍签暗合,亦未知其决断之神也。及钧堂归,言及省文，吾于廿一日发信，题折即于次日到部，已知可信矣。至谕旨之下，在七月廿五日而到吾邑，得信在八月四日，日期之不爽一至于此。呜呼！若此课者，可谓神矣。抑至诚有以感之欤。

二十二日，扫日月祀祖墓。廿三日，扫余庆祀祖墓及日新祀祖墓。

正月十七日，景苏、朝颐来说娶妇事，余与商，用度约在百二十贯，除已存积三十贯，余分三股，金藜光然青派一，郑氏派一，余亦代筹其一，则事成矣。至廿九日，又至，意若未足，余曰："亲事未曾定实，即使多增虚数，未能收归，亦何益？况时势何常，一有变易，徒多口舌耳。"因以再商答之，彼意不以为然，自往丕烈叔及鲁泉处相商，丕烈叔允而未实，鲁泉全不允。二月中，伊姊婿金藜光适遇于慈寓，说及此事，云："景苏之意全在阜昌行帐，以为汝代他措办，而自己之款并不说起，彼心未足也。盍乘此时吾与汝理之，约三四十贯可清讫矣。汝意若何？"余曰："此事汝未知其详，吾阜昌行本实吾祖所尊思永祀，三代祀田，及吾祖母尊母家竺氏扫墓祀田存项。初开米栈，二伯父冀扩充之，改栈作行，开帐甬江之西。大伯父见几合本业，无多年将祀钱分归，得以保全。而先君思手足之情，不敢异议，同居合业以顺亲志，且甘任劳勚。每年贸易于外，及未几年，云行本折尽。时三伯父主行事，一切帐目皆其经手揭算。时以为该我亨房钱二百七十贯，祀本既尽而债负又积。先父思钱尽可再来，而恩义一伤，后悔莫及。默不辨别，立据以交亨房，故其后阜昌再做，先君不敢复与。若言此事，吾力能及，岂敢背先志，且取诸橐中成其婚事，甚为易易，何必恳情面于人乎？况乎吾有余财，族人必知之，吾即为代筹，其能允我而无后言乎？今景苏如此，吾不敢复与闻矣。至此事他日理论，有宗房在，可与足下无干。"藜光闻吾言，心中不悦，自往同益钱庄，使伊侄至厚生庄召允纲，说景苏娶妇当相帮云云。允纲答："以事固宜做，但吾乏钱，不能相助。他日成事，吾帮力可耳。"藜光无奈何。至廿九日,复至吾家,并不提及此事,浼余往说。余思二伯父只存此子,年近四十尚未有室,后日祀事何靠?即答云:"明日月终,庄中事务必冗,无暇细商,月朔于礼又不雅。初二日,余当参谒学宪,足下可于校士馆前相会,同往可也。"酒饭后去。至期,同至永康与鲁泉商说,尚未毕而正纲适至,即使人召允纲来面,扣实数以便作事。正、允二侄再三推托,各允十金,而余云极少,五十金则可。正当相持之时,彼见余言执邀藜光入内,竟以三十金扣实,藜光出而告余,余曰:"足下邀余至甬,以吾为主也,今数未合而私许之,是吾招怨而子结情也。然既许之,亦复何言。"又邀余同至厚生庄,通姓名后,丕烈叔即云:"任余定。"数言毕而别。盖彼初意将丕烈叔等自行说好,然后理余前事,岂知一至同益,先已枘凿,私意中沮,复邀余不得已也。归,遇正纲于途,告余曰:"藜光在同益有异言。"余曰:"吾固知之,然子何见之不广也。吾所以为此者,非为藜光也。特以二伯父之后将绝,为此汲汲耳,非不知彼不见好,而徒招子等之怨恶也。汝其思之。"并为详述慈寓始末云。

三月□□日乙丑,芷津为占从祀事,得"家人之同人",又占得"需之夬",同日又占仲夏隐仙山墓地,得"睽之离"。

正月□□日癸酉,傅丙照占终身,得"观之渐",断云:"此课大象主卦属金,绝于月令,支卦属土,亦未见旺,幸变回头相生,此绝处逢生也。"生即旺矣。《易》曰:"观:盥而不荐,有孚颙若。"《象》曰:"观我生,观民也。"观民俗之善否以察己之得失,为名者占之,有出而为政之象。此占卜者,大局如是。若求一生荣枯得失,必须细察爻象,分别用神。此课世持未父,未为用神;官持巳火,巳为元神。巳火得生于月令,死于日辰。由此观之,两可相敌。离三爻卯木发动克世,巳被日辰冲坏,六爻卯木日破,暗动克世。幸三爻动化,申兄相克,功名定然可许。次观妻位,卯财当令,巳被日辰冲克,难云偕老。三观财爻,暗动克世,必然易得，今被西日冲克，恐多剥削。四观子孙，伏于初爻，未土受克，此谓飞来克伏，只恐正子难留。第观卯财动化申兄，月破，暗动来生子水，子孙或是偏生侧出，可以娱老。已上所查妻财子禄，俱属爻爻分断；至于流年之休咎得失，必须查大小限年分，大限一爻五年，小限一爻一年。由占卜之年起，依世爻逆行，分别生克、衰旺、墓绝、旬空、月破、六观、六兽、制化等推断，方可知逐年休咎得失。

四月二日至鱼门家，候徐子同赴邑尊戴幹庭枚席，为志事也。与席者张铁峰、宋莲叔、卢卓人、童□□、徐子舟、夏佩香、刘艺兰及余三人，首席县学师沈□□有林陪席，予一席，戴公陪席。初十日散，诸生十一日入局，在局者陈子相、夏佩香启荣、袁萼楼杰、陈骏孙继聪、刘艺兰凤章、童隽廷开、徐子及余共八人。后入者董菁汕坊、董觉轩沛、陈钧堂康祺，居家而修水利者张铁锋恕，得束而不事事者陈余山仅、宋莲叔绍荣，后余山之束以亡止，莲叔之束以辞止，其出费而为之创者杨起堂□□，始终其事而筹划之者□陈鱼门政钥也。至十月廿一日，以校士馆将考县试，岁云暮矣，遂散归后看省志。

四月受纲归，七月又走，八月又归。十一月三日，士颖母入节孝祠。余先一夕往彼，又往宁海黄坛张名才家，后遇族侄曾孙傅荣，留在店中过年。予思何辜于天，遭此不辰，伤财加气，一至于此。至十二月十一日，特至望春替董大扬问命，断云："足下九岁零三起运，前运未佳。至四十五岁，三月底申运交足，始一路顺遂，午运寿终矣。"

七月间售得不烈叔仲夏仙隐山墓地，即召芝山。闻阿连赊均石工定料，在厚生庄三面扣实，立有承揽据一纸，合计工料、饭食、抬力钱八十四千文，订明十月初交料。不意阿连凶恶，要用次货，故迟时日，使不及措办而必忍受之也。十月廿六日往看，料尚未做好，因横底料长价重，以旧两穴横三，一穴对折足之，恐予不允而对折，盖板易以两旧一新之统板，盖欲饵余也。余思为日已迫，若再换定料，势必不成，不如令伊统换上等对长以为底板，价廉易于措办，彼必允从，可以将料完工矣，与语许之。至十一月五日下乡平基，对折底板，又半是次货，不足用，不如前此配料，不得已令伊将二穴横底，一穴对接抬进。且余料仍未做好，再三托嘱而后归。及初九日下乡，而底横尚未割缝，两大横犹是毛货。时适钧堂在芝山同日安葬伊父，召之不至，赴之又不暇，思事已无及，遂且暂忍。十一日造穴后，细校石料，左穴通板阔四尺一寸，右穴通板阔仅三尺九寸，不足以覆穴。左梁六寸，另右梁五寸，另左出水七寸，右出水五寸。砖定八百块，仅用四百八十余条。灰定八百斤，仅用四百余斤。料既参差又减少。事毕又召之，托病不至，明早亲至其家，与说长细。令伊将尺往校，若者当换，若者可留，校定后至厚生庄面说。至廿二日，适遇于坤源庄，一口认换且诿过于众工，余念其贪心既起，必不肯统换，令将右统板及左右梁零做好货俟换，中至盖板有病，今且暂置，如后日有伤再说。彼即许诺，余又曰："幸是空穴，若已迁柩下乡，吾为汝害多矣。尔之不可信若是。"夫时近岁莫，钱必待用，余即往陈日省择日，选十一月廿四日告土，十二月二日、十七日两次暖土。余于十七日往，申后大雨并雹，厥明天气清明，午后日出，巳时换料，毕事归舟，至家又大雨。先是，此地丕烈叔从陈五精买归，余邀芷津视，反以为未佳，阅一年未得地，诣杜荣光坛占一课得"涣之小畜"，交术士黄锦标断之，断云："地则可做，但恐事有中阻耳。"及售之，果然。至今年七月，地犹未得，再往售，始允。当将地价送去，始检契寄来，计洋十四元。阿连者本石工，而为地中丕烈叔素所信从，余听其言，故不疑焉，不谨之罪，悔莫追矣。当造穴前一日，知为阿连所误，即就所寓石臼庙葛仙翁前祷求一签，蒙赐九十七签，中平，诗云："花向东飞水北流，两情各出不相酬。伯牙几个知音侣，徒对青山写素愁。"又云："世

态炎凉何足奇,单寒自古受人欺。英雄发愤皆由己,莫向人前浪
皱眉。"解曰:"讼难和,婚莫许。谋望艰,利名阻。人未回,往有
拒。"诚哉!神言早已示我矣。

八月初四日,得都中来书,从祀事已于七月二十五日奉旨依
议矣。先是,二月廿二日题折到部,礼部阅后,送呈倭中堂、仁中
堂,将《事实册》等详看,两三日出语,礼部堂官云:"此事当准,无
可驳处。"自后大学士九卿会议刑尚罗椒生□□,因福建请陈瑾
从祀,系伊经手,时适议驳,因曰:"准则俱准,驳则俱驳,何分彼
此?"一堂默然,无敢创议。及会食毕,复聚礼部,一老堂官出位,
请曰:"请问罗老先生凡驳必有一隙可乘,然后驳之足以服人。
吾等亦欲驳之,只行本省一角文书而已,若一准则文书当通行天
下,事甚繁冗,但若何驳法,到要请教。"椒生无以对议,遂定二十
五日议上,即日奏旨。是事之成,盖倭中堂与老堂官之力。惜堂
官未传其名也,而主稿行文力任其事,则凌定甫忠镇座师曹心仪
□□也。凡会议定主稿之部必行义,会议各官催画押,押全方奏
是说也,皆凌定甫口述云。定甫又曰:"余初入京时,往见座师,
座师向余道喜。余茫然。曰:'贵县有件公事,子名亦其内,岂忘
之乎?'余始知为从祀事也,即向座师行礼求其照拂。及事成,送
绉衣两袭谢徐子,《事实册》成,小洋药一包。"得上谕后,十二月
十四日,送袍套洋四十元,陈子相连写《正学祠碑》谢□。

十月发《从祀录》于陈心葵刊刻,每字二钱,目倍之,叙零议
初稿及写样成,刊后印样,修补后样俱一手校过。至十二月十九
日刻成,一、三、四、五四卷,至廿四日尚校写样。明年五月工竣,
即印刷三十九部,分送作颂诸公□□。

十一月廿二日,乙未卯时至周港岸告土,修镇宇公墓,并砌
前后左三围,石砌淋工周港岸虞仁□,计钱五千五百文,鲁泉经
手;石工马永嘉,计工料钱十千文,士颖经手。钱统由日月祀拨
用□□。

　　二十七日庚子卯时,桃江告土修信、益二公墓,并砌石礧,俱祀田,佃户傅增福包承,计洋四十元,鲁泉、士颖经手。(后先钞下杨家水畈条)

　　十一月十七日,雇舟与丕木叔、士颖及木石工七人往绿野岙上正肃公神道碑额,额以外国木为之,百余年不腐烂。面书宋刑部尚书谥正肃袁公神道,两比分写,陈劢书之,工人刻而油之。至午后开船,行至道士堰,舟子因风紧不肯往,泊于堰旁桥侧,再三与说不允。余乃与丕木叔逆风至新河零别买一棹,搬料而往。时日已入,即挂帆赴莫支堰,近二鼓矣。十八日早辰,召薇卿同往,郑万利借木十八支过堰,顺风扬帆,势如奔马。将近下水湖边一带,冰利如刀,船近之割声若裂,几不能近岸。幸众工齐力前敲后篙,越一时始达纪家庄,离下水五里而达势不得复。至近处,遂命工肩料,雇土人抬额,由山麓迤逦而行。至绿野岙已午,余与丕木叔、士颖、薇卿及木工三人午饭于史星南家。星南,薇卿亲家也。饭后绞架毕,丕木叔等归舟,余陪薇卿同宿星南家。是夕饭后,薇卿下楼,余就枕至二鼓,而薇卿上楼就余寝叫余,余瞿然起,询之,则曰:"此额可后日再否?"余曰:"何也?"曰:"亲家似乎为难。"此时俱在舯,路隔十里,召之不及,即应之曰:"想来断不能改期,吾由城南至岙,路途既远,来往非易,今木工、石工俱在,料已抬进,明日不上,将神道额安放何处?若复雇工抬出,则事同儿戏矣。今日居宿于此,亲家犹以为难,寄料可知,以吾思之,不若与亲家明言,如有难处,不妨令伊等来阻,则可召本图地保,交伊收管,吾可归矣。若此如何?"薇卿无以对。既而曰:"此吾自言之,明日士颖等至,切勿复说。"至十九日辰刻,告土毕,祭祖,遂上神道牌额。时岙外观者如堵,毕集路口,墙内无一出而阻挠,唯一顽童以架木放伊田内将摇之,被星南工人以绳击之而止。盖星南在岙内为富户,而伊子悠诚、悠諴先后入学,故其工人之势,亦如此。申刻毕事,归至舟已晚,复泊于纪家庄,薇星已于巳刻由韩岭行归矣。明日冰犹未沍，舟不得行。早饭后，与同往人由五里塘前堰头行归至东雅桥，丕木叔不能行，乃买棹至新河，行至濠河复唤小舟至家。二十一日，早饭后，至厚生庄说知其事，将先请谕禁，谕此吞地保管守。时鱼门在省，无可商者，欲丕烈叔往王小莲锡衮处谋之使，使往询不遇而止。至廿六日下午，穆公岭庄人诚修来报，绿野吞神道额被史姓敲毁，询以在何日，曰：“余于昨日始见之时，丕木叔亦在。”吾知族人颓靡，不论事之轻重，理之是非，苟安目前。心大痛恨，不禁牙尽肿痛，连睡二日，而丕木叔、鲁泉又以不入耳之言来相告，语愈加忿疾。至十二月六日始出甬，与丕烈叔论不可已之理，曰：“彼若恃强，何不当吾上额事径出阻之？”时本姓不过三人，工人▢子九人而已。吞中合男女老幼至少必百余人，以百余人阻十余人，易事耳。奚必待归，始毁，则是其心之怯可知。况当日阻之尚可云吾居此已久，并不知袁氏之有墓，不知之罪罪轻。今见吾上之而窃毁之，是明知为袁氏之墓而强占之，强占之罪重。即或祖墓在彼，恐结尔怨，当具呈后即与邑尊说明，他日断讼时，可令袁氏出钱、史氏让地，彼失地而得钱，心亦平矣。若不敢出而相讼，则惧心愈见，即可乘机使人说合矣。若一路以利诱之，吾恐此事谁敢作中，谁敢出契，事必无成，言至此可谓明白晓畅矣。而又以余多事，顺往徐子家告以此事曰：“今可以具控矣。墓之得否，在此一举。汝等先具呈词，绅士公呈，吾当任之，事不难为，汝其勉之。”余对以族人大约以和为主，前日士颖曾至陈子相子家，陈子云：“控告实难。”士颖一听此言，传与族人，必皆以为老成之见不错。刻余至陈，曾与往复辨论，末云：“如夫子说，则祖墓无可复得之日矣，人亦焉用子孙为也。”则曰：“此亦事之无可如何耳。”余又曰：“他人不知其处，固无如何耳。今已明知其地且有隙可乘，而不为之，谁之过欤？即或不得而案牍具在，大义明如日月，夫人知之，将唾骂史氏之强占而哀袁氏之无告。吾子孙能遵行之,乡缙绅或力助之,墓之复也有日矣。先生奈何以不孝之言教吾族人也?"言毕而别。如夫子说,诚合吾意,如屡言之而不纳,何惟召士颖来,夫子详为开导,或者其可。明日士颖往徐,反覆晓谕,心已回矣,而丕烈叔成见未破,依然托薇卿及史姓人与地保等往说。至二十日,薇卿来甬,云:"事恐难直。"士颖又与同至徐子家,钞阮文达元《浙江防护录》及《世祖宪皇帝上谕》,使下乡哄喝,而彼如故,当吾由徐子家归,后即往镇邑宗人寓鄞□东樵建瀛家与商,具呈事,甚以为是。及十四日,晤镇邑宗人懋才、赓熏谟亦蒙许可,嗣后镇邑宗人楚香、杰昼堂笺及熏之胞弟韵轩训,皆愿具名。又二十日,至福润泰铜庄,遇升桥宗人楚珍、景安,时尚患疟未痊,犹踊跃从事。惜乎!市井人之无识,一至于此。回思亭山公墓事如同一辙,当几欲奋臂独鸣,犹恐胆小者一遇小利害,未免反吠而止。噫!当是时也,使吾有千金之资,因徐子之助而尽吾力以为之,不用公费,不求私助,彼有力者,谁敢阻之,是财之不可无也如是夫!则余之不幸即祖宗之不幸也,而假山绿野之灵未知,何日得睹天地也。是年,修穆公岭墓。

十一月十六日,空腹至永康庄,与鲁泉同至杨家告土,开掘子塍,墓前祀田,向系宗法,与久佃分种,故有子塍一条,刑如弯刀,直冲吾之祖墓,久欲去之而无几。及去年将宗法以路远种田不便,遂听费收归统付久[允]纲耕种。时已告土,开去墓前子塍一半,其余及墓后子塍,嘱伊即为尽去。及清明扫墓依然如故,促之托故诱约,故特复往押令掘收。丙寅所修日月祀墓,及本年修吾祖墓俱被牧牛践踏。又祀田内漕底成孝窃葬其弟之墓,今已淋好。祖墓之右稍后又窃葬一处,半系吾田新填,当令迁徙。而墓前河阔,水势太露,尝欲于对岸筑土墩以障之,而力未能。此数事者,余累为族人言之而不惮其烦,而听者多愤愤。噫!焉得如子塍之事信从吾言夫。代鲁泉作姊氏倪庆槐妻请旌《事实册》。

二十九晦日，午后至士颖处请四代像，为新正悬设也，时像记尚未刊集。前年系茗香、纲铭认值一年，而不能复当。余与族叔丕木议，果盒及元旦粉团并香烛等，尔值之公祀归，费一千文，赔亦几。六日收像供菜，并中左右三座，共五席，每席五碗，贵洁▢且易办也。并香烛冥锭等，余备之不取。

值思永祀。

十二月初六日，至坛侧庵基认断碑，字已模糊不能读。盖吾族将于此地建先正献公专祠并义学也。先是，从祀成后，余起此议，士颖将售甬水桥下张姓地建造。十一月三日，余宿士颖家，已画祠宇及两旁附义学式付之，特族叔丕烈以为价重，未决。冬至多诣祠拜祖，族叔丕木与鲁泉误以堪舆家言沮之而止，及是丕烈将以庵基建祠与义学，以公地作公事，图省费也。士颖托余往视，予以地界偏隅，居高风大，易于摧败，且无庵名可以具呈呈请等语覆之。

八年(1869)，己巳，年四十五岁。

在局修志。四月十五日丁巳，午后入局。是年，因校士馆常有公事，徐子于居旁特造小屋为局，至四月始成，故迟之。十二月十一日，归家。

同局友袁萼楼述、陈骏孙继聘、刘艺兰凤章、董觉轩沛、会稽孙研卿德祖。

正月朔日癸酉，雨，诣祠拜祖及像，回家亦然。

二日甲戌，午后始晴，亦未出，作绿野岙及假山词并自挽词一联。

三日乙亥，晴，进城诣正学祠拜祖，遂至近西一带及西城外各家拜贺。三日丙申，晴，往族人及江东。

六日戊寅，晴，诣旌忠庙，与祭吉士全谢山祖望前辈。是日，各绅俱集，徐子约余往，为议先正献公入庙仪制也。徐子以张笙仲约其与事,后并至徐子弟石门榕家量衔牌式,而张笙仲遂于十七日邀冯午卿、张小楼至祠,后并召傅肖竹、王均叔、励友生等至,非请之也。

八日庚辰,晴,录入庙祭品、祭器等帐,以初议学中照国制用全礼祭也。九日辛巳,往学中观位次、祭器。十四日丙戌,至陈鱼门家午馔,为定所请知单也。徐子先一日,余自姜庆仁家邀至陈宿焉。十五日丁亥,特备香烛至府、鄞两学宫参拜先贤先儒,预请黄子幹以下位排空一座,为正献公也。二十四日丙申,雪积寸余,乘舆往童宅,为议明伦堂设祭事,是夕始定宿焉。与议者陈子相、陈鱼门、童蕙湘、莼舫、隽廷,而议则始于徐子也。二十五日丁亥,士颖误听人言,欲予徐子及鱼门家覆初一日入庙之事,盖是时部中行知,虽于去年十二月到府,松斋于十六日判行,而书吏意将索费,过而未发,县署及两学因文书未到,不无异议,而无知和之,遂喧传一时。余已定不去,士颖遂同族叔丕烈会鱼门于童宅,始定。此二十六日鲁泉来云也。二十九日辛丑,鱼门来书,又云:“明伦堂从未设祭,不如正学祠祭之。”及当道到即送入两学为是,边太尊意也。余闻昨日张笙仲、傅肖竹等,同鱼门在万顺知为伊等之意,然凡事已循,只间一日,不可中止,又不可直行,只得允从。及午前冯午卿、王稽云至,又欲余面请府县两学老师,余对以知单,本绅士具名,今余往请,虽老师亦必至。倘初一日当道不到,二先生能力保之,余往可也,不然可不必,彼无以应。午后,邀二人至徐,不欲往,愿至鱼门家,遂同去。及至鱼门,方发当道各信告以故曰:“吾已正为此可无往矣。但张铁峰家,汝盖一行,衣服吾有之,甚便也。”余约以明日,时徐子所作祭文尚未领归,余往取。王以有事往东门,冯归吾祠。至徐云在郑莲卿家,遂取祭文往郑,备述其事曰:“只得由他,但请铁峰具名者,事于汝何干?”当更至陈覆之,余曰:“吾所以约明日,意固如此。”再至,陈鱼门已用夜饭,言犹未毕,而徐子至,反覆诘之,鱼门无可辨，始云："太尊说甚婉转，此吾失检故也。"复定明伦堂设祭，始归至祠。午卿、肖竹、稽云子均叔、镜芙、笙仲等合口一词，以为不宜。徐子说起，余曰："昔日之事，皆徐子任之，谁敢为余分忧者，及今事成，而不与闻，是背之也。况正学祠又有杨、沈、舒三先生，理固未妥，而地又陕隘，不足以从者，若既得入庙而不得祭于明伦堂，有是理乎？"徐子之议是也。当余之往陈也，正学祠设祭，知单未发，请帖尚未写全，并托士颖等待余至，始可分送。及是询之，知单已贴，请帖已分，其半多有在具呈外者。余大怒，直言诘责，午卿等犹以知单已贴，不可再改等语，劝余往陈再商，余不从，归家乃使士颖、茗香往至，则鱼门已入县署矣。候于仪门，至三鼓始出，同往书吏汤小村寓告以知单已发等语。鱼门云："襄臣在吾家，谁使你贴知单者，吾方入署说过不能复易，汝等自行可也。"不能对而归，时已五鼓。此明茗香来家说也。晦日壬寅，余以谗言启衅，事多反覆，避不至祠，浼茗香至家认错，始出，遂命写"明伦堂"三字七纸，往贴六门及鼓楼下，知单正学祠三字上，而不应请之帖，尽行检出。时余坐西偏台上，而午卿、肖竹、均叔、镜芙、笙仲等俱坐其外，余即捡即语，以为何不明理至此也。此系申谢帖子，本以具呈绅士为主，即知单内有到有不到，尚难概发，要至明日再补，况知单外乎？至以与事者附之，既非绅士又为多事。检毕往分，而知单已分者，又写名片分送。是夕，在祠与东槎闲谈，夜半雨。二月朔癸卯，黎明又雨，起程时始晴。余请主入轿，即往鱼门家催伊起，盥漱用饭，始同至府学，请主入明伦堂。张铁峰多已至。巳初，府属、邑尊及县属毕至，太尊始至，先行拜见礼，绅士始祭。祭毕，复请主上轿，至下马碑，捧主由东棂星门入，太尊于请主先诣东戟门行告庙礼，主至，即由东戟门至西庑，座前就虚位拱立，太尊至捧主向虚位一拱，余即上龛接主入座。太尊、邑尊及诸属员即座拜贺，复行一拜三叩首礼，礼毕，各官归署，绅士及子孙拜毕，复送主至县学明伦堂,请主入座,绅士祭毕,邑尊至,复率属员拜之,请主入轿礼,率初各官复归,绅士之未归者,午馔于节孝祠中。时日光大丽,裘衣不能着,徐子、鱼门许至余祠与事,遂邀请莩楼题主。是夕,徐子、鱼门宿焉。余前夕未睡,不克倍而归,是事也,子相以疾未出。次日,甲辰,藜明设祭于祠,祭祖毕,然后请先正献公改题主供于中座祭之,府县学官及各属员俱来拜贺。府县拜毕,余率宗绅至座前叩谢,诸绅士来拜贺具呈者于答拜后,复出位叩谢,非具呈者答拜而已。拜毕,即送至本庙看剧,因本祠陕隘,故设席于庙。午刻,余又至庙叩谢,复返祠还拜,及晚撤筵再设祭筵安神。盖是事也,余主徐子议,大抵作事必有定见,始成。世人往往随俗,由其不明理故也。徐子见闻既多,故理明而见确,一定不复移,凡作文用费皆借其力而不得,与参末议者多忌之矣。况其口直又易招怨,午卿虽亲家,素有小忿,稽云以具呈不列名而怨,肖竹等以不得礼待而恨。而鱼门耳软,听彼贝锦误以为是,故无定见议。而在祠与事者多此流,故使士颖亦无定见,而以多口为是礼也。知单之发其以此乎?孰知彼等之意本欲败徐子议耳,攻余即所以攻徐子也。而族之昧昧者,信之妄矣。且徐子他事或有偏执,而此论要是正大非阿所好也。五日丁未,赴各署及各绅士家谢步。明日又出,午刻转正学祠参拜,馂余后又往,酉刻始归。十日壬子,以泉利酒送陈树珊政钟,以其抄送礼部新定请从祀章程也。送刘艺兰凤、陆渔笙廷黻、陈钧堂康祺,以其待府县及绅士作看语也,各一檐。而徐子、子相、鱼门及题主之莩楼,以大菜送各一席。午卿、稽云、肖竹、笙仲、小楼、友生等各以十大碗菜一席送之。府县以大菜送,府县两学老师及诸杂职,各送代席洋四元。鱼门之议也,笙仲将去后,鱼门以到祠不到祠有别,有三员未到,当减送两元,向笙仲取之不得,或曰:"其干没。"云:"到祠者经历冒际云、粮厅谢祖培、捕厅史孝善、巡检杨棻也。时两学儒官沈有林也,太尊谁?任邱边葆诚也。邑尊谁?姚光宇也。"

　　八日庚辰晴，作《先考妣事略》及《像传》并《倪孺人像传》。明日书之，并作先祖考妣及伯祖考像传。

　　十日壬午，采成同傅荣自宁海归，遂与傅荣商，愿偿饭金往伊店学业。至三月六日戊寅，晚饭后上船与傅荣同往。

　　二月十四日丙辰，往张万顺取钥为值两学洒扫会也。是会也，议起于范子苇庐等。每逢朔望以学内友二人、监督佣工二名，往府县两学神座及拜奠地洒扫。去年曾同朱、袁、宗人朴斋、成业往值一日，后见会内友逢值日，有自往酒铺饮宴，东西游戏，而任佣工，草率了事不以为意者，遂致佣工反覆，学友可去，曰："某先生某先生皆如此，某等自为洒扫也。"长卧至晚，稍洁之而出，因循启弊，不如无会之为愈也，故屡辞之。及是日，至彼说工人未集，当改期以钥藏万顺，佣工皆万顺雇也。噫！是同儿戏矣。遂决意不与，范子犹劝余，余直告之曰："不特吾决不与，即先生亦可辞矣。若必欲为，当重整规约，毋令仍蹈旧弊。况既设是会，门户关锁后，钥交老师掌之，倘有不谨，彼之职也，尚可诘问。今令万顺掌之，是不尊朝廷之职官，而反重市井之店主也，于理可乎？"范子默然。

　　十五日丁巳，晴，春祭诣祠拜祖，即夕当往穆公岭扫墓。余因先正肃公墓未得，不忍往，且与族人异见，恐事不成以生事议予也。同日往徐子家送先考妣事迹，求作墓志铭。

　　十六日戊午，清明，晴，在家祀祖及地屋主。午后入城，扫先考墓，又至江东，扫先妣周孺人墓。明日己未，晴，往支家漕扫先妣蔡孺人及倪氏墓，顺至仲夏告土，将以四月安葬也。

　　二十七日己巳，雨，扫假山亭山公墓及点斋、萼斋二公，下午扫杨家水畈美斋、璞斋二公墓。余因祀田为佃户窃葬，屡言之不听，故不赴。三月朔日癸酉，日月祀扫墓亦然。

　　三月七日己卯，续延龄会，赴本庙参神，午馔于长春楼。

　　十二日甲申，晴，至西关外，秦维城术士占终身，得"晋之萃",断云:"此终身必系读书,功名早就,如前未补,今年必可补实。"且云:"顺补不妨稍用些费,若逆补要多,用钱亦可不必。先生即可中矣。"此课禀性高傲不肯妄与他务,即亲族中亦独立寡助,凡事必仗一己,子年廿一,尚未得力,至廿三岁,运始一路顺遂。妻有乙巳、丙午,必当再续,一生财气不厚,功名亦一中而已。而俨然正直之神,自能显名于后,寿断六十有九。

四月朔日癸卯,晴,徐学宪树铭临郡科试,未刻入城。次日甲辰谒圣。三日乙巳,经古未赴。四日丙午,考阖属本学,题"足则吾能征之矣"。合下一章二牌出场,寓月湖书院,夏芷津馆中。

五日丁未,邀芷津往芝山看陈树珊,允售经纶两房公地,将以备仲夏之迁也,未佳而止。

十二日甲寅,发鄞童案。乙卯,早起往徐子舟、陈鱼门、童隽廷家,贺子入学,至童与陈阆仙贵卿宗以燕同饮后至范子家,亦贺子入学。午饭后归,是科本学及府学修生七十五名,合四县共八十二名。或云太尊将兴乐舞请之也。蕚楼子彭年、从子尧年、隽廷长子,皆与焉。

十五日丁巳,午刻诣祠拜贺光晦公生辰,午后入局。

五月十二日,往大堰头邀薇卿同往沙家山查先世遗文,无有,后往升桥及龙山头,查之,亦无有。

此室将载镇邑入庙事,而镇邑入庙系六月初三日。

七月十九日己丑,早饭后与地中朱大高同至厚生庄,邀丕烈至道后刘文绍家,为周茹香菜代售祖墓旁刘姓所买葬地也。刘氏将葬,时周姓曾挽人沮之不听,及造穴成,周姓乃将其前已地筑墙蔽之,刘不克葬,售之不允,至是大高以其地售于丕烈。茹香商于余,余曰:"诚丕烈买,吾能力沮之,他人则非吾力所及也。若果出,此吾与丕烈商,代汝售之,何如?且坟旁之地,必当售归,万一年远,为有力得之,能沮之不葬乎?"徐子亦以为然,遂尽托余。至申刻始能成契,价洋百念七元,合小费在内。归局后即使

大高送契于茹香。二十八日戊戌，茹香来易契，徐子作中，因刘契
不能说周，余代之也。写毕，同至德大庄过付厚生代垫之款。

　　二十日庚寅，早至坤源庄，同鲁泉、士颖、玉如及东槎镇邑楚
香、冬甫、竹江、业甫之梅仙、炳珊赴，竹江迟，薇卿等不至，先往。
而沙家山以乡舟随行，晚至夹田，稍泊。亥末至，节孝先至舟，相
邀入祠，后周煦、薇仙、近川先后至，重用酒饭。子末同诸人就祠
东庙楼上寝。次日辛卯，大雨，大堰头薇卿、松甫、诚甫辰刻始
至。余之先往一日也，固将同周煦等寻访凤凰山始祖清隐公墓，
不意是日大雨不止，金曰："下山水急，不宜去。"余曰："非专为此
事而来，意或未诚，天故沮之也。他日再访可矣。"上午同饮于周
煦家，下午同饮于炳珊家。亥末就枕，子初即起。祭祖读祝二
次，一告列祖，一告先正献公。祭毕，同饭，排列仪仗齐整。辰初
起程，由柳家至上新桥，转三七市入东门，进尊经阁，请主入座，
县主贺，及学师与诸属员祭。拜毕，绅士再行祭，礼毕，事复请主
入轿出阁，由县前至下马碑，捧主入东棂星门，由西戟门直至西
庑。余仪照太尊式，惟邑主告庙先祝文耳。礼毕，至教谕沈二溪
师潋署更衣。是日，午馔，余与镇邑、大堰头、沙家山诸宗人席于
东官厅，绅士席于西，而竹江、宗人及与事者席于节孝祠。席半，
适有人谈及黄东发已入庙者，余未信，曰："位已在东庑。"往视
之，果有黄子震位列于东庑之末。余坐定，于是谈其请从祀缘
由。田广文、周佩斯道遵具呈学宪张星白锡庚，已批准矣，而未
及奏请，后抚宪王雪轩有霖奏之，部议以为已有专祠，毋庸再议
从祀等情。此粤匪初寇浙后也，时学宪已殉节矣，及抚宪再殉
节，周广文亦下世，遂无有复请者。有刘御史楠者，未知何许人，
复请之。上谕严责，以为现任职官不知已驳之案，而妄为呈请等
因。虽两次驳下，未曾损其毫末，而从祀固未也。末又云："在东
发先生天下知之，其德其学固无愧于从祀，但圣贤虽重纲常，未
及奉旨而私入之，其心必不安矣。且即以时代言，亦不当在此。

位置紊乱生其后者，安乎？否乎？此必妄人为之也。席间之言如此。及散后，士颖往冯泽夫家，东槎入二溪署，余与薇卿等坐学中，俟舟子信，将以是夕归也。后薇卿等出外游玩，予入沈署，与东槎坐谈而不见主人。久之，二溪衣冠至，余疑之，问从何来，曰："自大成殿。"问何事曰："特备香烛就东发先生位前拜告，请主入乡贤祠。"余不胜惊骇，自咎席间之言被衙役闻之，故致如此，复曰："东发先生之位有人之者，前任亦有职官，非老师责，何庸如此？况其学问人品，允当从祀，正合宽以俟之耳。"沈曰："余等早有此心，非今始也，特未举耳。且未奉谕而入，先生之心亦有所未安者。"余于是愀然而罢，后告徐子，亦为宜然。至申刻，诸人未至，东槎云："吾今夕宿此不归矣。"余乃出，东槎从之。行至慈湖，见山川秀丽，幽胜宜人，心乐之，方游玩，时遇薇卿等云："士颖已从书院来矣。"将至书院，遇焉，同伴有泽天，邀余同至伊家用饭，余托故与薇卿先归，误至太平桥，幸慈城路近，转而至东，将出城，泽夫以舆来迎，与余、薇卿二人，而舆一乘，复覆焉上船，沙家山、大堰头二舟已先行矣。亦开舟追之不及，过小西坝泊焉。是二十二日壬辰也，明已至甬，与薇卿、楚香、冬甫用饭于永康庄，又同薇卿至厚生庄始归。

二十九晦日己亥，稽云当深宁会与徐子、觉轩买棹至王，到者佩香、宋莲叔、范簏亭、范子洪筱乡、范薇珊、徐朗生、戴鉴堂，用祭王厚斋先生午馔二席。

八月五日甲辰，薇卿、以燕至局为商写从祀直扁事，徐子云："必欲书直扁，惟以御诗代之，若欲书从祀事，吾再三思之，无法可写。"是日，并得绿野岙史守江覆童镜涵书。六日临行，与以燕约十五日至馆与镜涵面商，且余先知之。初七日丙午，先往术士秦维城占一课，得"坤之颐"，断云："其事必成，他无权而尔得助。且父爻有灵，必得无疑。不可缓也，其急为之。"及十五，午饭于坤源同士颖往童氏镜涵，未遇，以燕亦归，家人之不可信也如是。

是年以燕馆于童也。时即以课交，丕烈再三劝之，惧而不决。

八日丁未，发热，未用夜饭。次日长卧。十日己酉，归家，服觉轩方。至十二日辛亥，始用饭，仍服原方。

九月朔，至周仁甥增家为伊子生理事，彼恐其累我来去。

九月六日甲戌，至秦维城占仲夏地，得"天泽履"，断云："此地佳。"但子孙落空，或者未带墓地土故也，须带土重占以决之。九日丁丑，使顺富往仲夏取土。至十三日辛巳，再占得"小过之咸"，断云："是吉地。"课与前日"天泽履"同，但欠稍进尺许，及靠左尺许，恐右穴有水耳，如可迁移，不妨再掘深尺许，言与地相符，似可从矣。后算瑞璋命，断云："运甚不佳，仅有十年可走，余无可取，五十三四，当寿终矣。"

九日丙子，修屋。

是年，九月九日丁丑，代族叔祖永柚作分书叙，并条议，其长子耀庭来说也。次日成，至十七日乙酉分。

十月三日辛丑，值先父虞光生帐。

十月十日戊辰，为景苏聘妇□□氏事出甬，允纲并将面许金藜光，数欲减损之，余乃往厚生诘之，果然，遂直言其先大父时某事若何，代□理直某事若何，代为干办，汝家得有屋宇田产，果从何来，即格外多帮，亦不为过。今余在此，汝及正纲必出五十元相助，始可后见。余词严义正，丕烈及曹心孚劝之，始允二十元，正纲亦二十元。先收其半，以为聘金，以余约吉日，用后正纲又劝，再出五元，丕烈亦借助二十元，后又十元皆为景苏也。廿六日聘西门外李榆桐哑妹为妻，彼意也，年十八岁。

十月二十日戊辰，同士颖至马永嘉森泰石作定碑。

十月二十四日壬申，抚宪李瀚章临郡。

十一月朔庚辰，赴宝陀，顺至温州。

十一月九日戊子，钞先正献公像上诗式送章采南、童隽廷书之，各二轴，返往五次，代孙岘卿校曹寿铭文孺《曼志堂遗诗》。

十五夕，梦中遗矢二次，一在大堂下门侧，适值天雨，☐已家佣来关门在遗，毕，抱小儿至上楼。

十二月十三日，得章采南新书像斗字。十四日得童隽廷代先严研书像斗字。十五日代宝甸作族人子婿祭岳父母文。

十六日，亥刻月食说。

廿一日，侄孙宗骥初入学来家。

十二月二十九晦日丙寅，赴祠悬设四代祖像，余仍备收像菜五席。如去年作《正学祠重修记》，略求徐子作记。

九年（1870），庚午，年四十六岁。

在局修志，二月四日入局，七月三日将赴省试，归。九月七日复入局，十二月七日归。是年，研卿未来，以采访友周可表宗坊代之，余友如旧。

正月朔日丁卯，晴，初明时东方有五色云，风和日暖，好佳景也。拜祖，赴日月祀拜神，至武帝殿及本庙参神，至祠拜祖及四代像，顺至日月祀拜像及正学祠。士颖家四代朝像，朝祥家日新祀像，是时尚未陈设，即命悬挂供奉。拜毕出，复拜纪常家思永祀像，正纲家大伯父家像，遂至族邻贺年。

二日戊辰，晴，进城至西城一带，内外拜像及贺年，至金黎光家，闻景苏与店友争气，已将铺盖取归，不胜忧愤。后使人说之，再三劝伊复往，执一不从。至徐子家得读边太尊、姚邑尊从祀录叙及颂。

三日己巳，晴，至江东贺年，午饭于施楚江家。

五日辛未，辰时立春，微雨。或曰："子初时有雷而予未之闻也。"为景苏业事赴厚生庄，未遇，遇子家。

六日壬申，阴，设供菜六席，午前诣祠参拜收像，然后归家拜祖收像。下午雨，不及送像进城，藏于朝珖兄家。

八日甲戌，阴，时有雪花，由范子家拜冥寿，归闻纲煦等弄徽琵、唱淫曲,大声止之,不应,反出恶言。美如妇犹敢行泼,恃寡妇势也。余避之而止。

十日丙子,梦入大房子一所,内多空床,有狗数头,予以桌上鸡毛刷独赶黑狗,忽然而醒,不知何祥。

同日赴甬,为采成生意,丕烈等以仁昌南货店许之,令鲁泉往说,余谓鲁泉曰:"仁昌之事,余以为景苏本业,已挽著香说过,且曾与景苏言及之。今景苏生意未定而余子入仁昌,是攘之也,即以境论,亦景苏急而采成缓,是必景苏先有成业而后可卒,亦不成。"三月十六日壬午,微雨,采成去,盖鲁泉于二月间特至家面许。三月初,可进仁昌,及是说未定,故行。二十四日庚寅,得采成省信寓望江门外三和酒坊,即寄回书。四月四日,李镇源送采成信至,云:"前信未曾收到,故复至台。"五月廿一日,丙戌,归,又与绍人同来给盘川钱五百文。三十日乙未,晴,采成又去。六月七日壬寅,萼楼评采成命,以癸水为主,金运甚不佳,若作从革局看,则佳矣。二十九日,晦,甲子,晴,傅荣信来说采成在天台天封寺中。二十七日,发也,云:"到约在三日前,回书令伊觅。"便人召之,至七月十一日乙亥,归。九月十六日,又去。闰十月八日庚午,得采。九月二十九晦日,象山信由宁海寄来,李镇源迟误也。后在余杭励宏仁处。至十一月底,发书召之。十二月五日丙寅,归。

十四日戊辰,有微雨,丑初,梦与采成同至一处,若山麓,然径甚窄,行不过数十步,即无下足处。幸有石栏一带,手攀之,而足循其级而走,下临险峻,回视骇然。行半里许,至木栏处,格有空隙,遂将身攒入,有房屋,居人甚奇伟,有一人将余顶戴携去,复讨得之,用水烟而醒。

十六日壬午,雪,逆风,赴局。余于十三日遇周可表于途,云:"董觉轩、刘艺兰已于初十日入局,胡不去。"及至局,徐子意以为且待下月,余即云:"吾之来局,可表之言也。"吾亦有事未毕,一宿即归。至二月四日庚子入局,是日雨。七月三日丁卯,局中设席饯行,外来赴者陈子相、周茹香、童蕙湘及从子积厚、舒杏甫、萧桢夫、郑莲卿、梅卿、陈春田景琪及子舟之子怿夫、外孙婿袁嘉铉。余侄辈也,以初娶妇召之并西席蒋子蕃椒卿。午后席散,归。九月七日复入局。十二月七日戊辰,因葬日近,先归。十六日丁丑,阴,赴徐子家晏,散局酒也,西席椒卿亦于是日散馆,而外赴者陈子相、郑莲卿与焉。

十七日癸未,晴,至镇。明岭元兴雕花店定先考妣神主三位,盖先蔡孺人弃世,时值粤扰,主系木工土做也。又先考及先周孺人主皆脱膏,故并易之,旧主藏于志棹,新主阳面书号及某氏,阴书生卒年、月、日、葬地。二月二十一日丁巳,往书之时,卜葬在仲夏,故书隐仙山,今改葬于城西沿江村鲤鱼漕之原。三月四日庚午,完工请归。四月十三己酉日,祀祖奉安新主。九月二日乙丑,雨修祖堂侧也。主式边绿,内外二条,中有日主,两旁龙文莲字刻好,用朱漆之,而字与日主与龙文用赤全贴阴面,用黑漆刻字。主后中上启灵洞一个,上通小眼。主用梓木,座用硬木,取其重也。

是日下午,为景苏娶妇事,往张鸿道家劝伊相助,不允,可知世多负恩人也。二十二日戊子,金藜光来,午饭后同得泰肉铺访赵永福侄婿,为景苏事也。二月十日丙午,晴,赴甬收正纲、允纲洋交赵永福转付景苏,嘱不可多用。十五日辛亥,代书请帖,及吉期近,景苏不第过用钱文,并将永福自许助款用尽,而藜光该付之洋约为吉日用者,当其在馆亦逼取其半。二十七日,藜光至,言及之,余思其行为如是,将任伊为之而不与闻,既又思二伯只存此子,其上二兄俱无出,若听其自为,万一不成,救之无及,是绝伯父之祀者余也。明早即与藜光约,将其自定贯器,令伊自付其余,柴米酒食凡系吉日及进屋用者,皆余为措办。先将应用货物命利房侄德纲及藜光侄祖辉一同下乡理事。下午与藜光行至傅家庙。二十九日乙丑,成婚。明日丙寅将用将付讫归,自后景苏屡至局，又以用不足为言，至五月六日辛未，欲与同至厚生理论，逆理悖情一至于此。午饭后至，得泰与永福详说，彼知其理屈，言毕，以为于生意有碍，劝余无去，且云："看他拮据再与钱四贯，并托事业，不知余所以至得泰者，本恐碍其声名，即欲假钱亦必令人过手，此本意也。"六月二日庚子，与洋两员，亦交得泰。八月十七日辛亥，蒙丕烈荐得进信大拆兑店。十二月晦日又至家，再三以急用为说，又与洋一员。

二十日丙戌，晴，同正纲至泉利酒行访献南，为子纲租居伊家门内，中堂禁用丧事，今其妇将卒，浼余说之。是日即卒。二十二日，敛，命采成往吊。

二十五日辛卯，饭于顾从母家，时蔡静钧、静镒兄弟俱在，为商先蔡孺人考妣墓事也。孺人之从弟蔡京山允邱隰祖墓旁之地，即孺人考厝处也。惟孺人妣方氏厝城南，九龙漕孙辈俱幼不能认识，余曰："吾当挽人同访。"即与静镒约定，出外时至家，有言再商。归即同戴一清至其处访之，九龙漕朱家及马家塘并其前徐家俱遍，皆云未有。甚有检租地契以查之者，乃转托之而归。又至周港岸，问李镇源母，亦云："未曾到过。"后二日，有土人说百鹅亭侧有历年女坟一穴，未知是否。一清来说也。而静镒等已往杭，不至，遂中止。

二十八日甲午，晴，同宗长等午馔于祠，为朝芬妇与纲材妇争事也，与者丕木、茗香、小椿等，议妥后归。

二月朔日丁酉，至士颖家，题先正献公朝像签四轴，慈、镇、大堰头及本支各一轴。

二日戊戌，阴，上午霾，下午雨。诣正学祠春祭，到者沈氏三人，舒氏四人，杨氏希姚、宏达昆仲，本支、慈、薇仙、近川、炳珊、镇、东槎、楚香、凤山、吾族宗长、鲁泉、纯夫、士颖，及余同往之茗香、献南也。丕烈早来，拜毕即去。允纲为他事过祠，借衣冠一拜去。

　　是夕，梦见人掘坟地泥，如纸有层，厚二寸许，余以为未得，生气弃之，并非仲夏仙隐山地，亦非鲤鱼漕新基也。又梦采成油棺三具，覆而涂之。余教之平放而油，后忽油染余衣前而醒。

　　三日己亥，齿痛，明日庚子，又痛，取一清药赴局。

　　五日辛丑，晴，铁耕斋、陈心葵刻拙斋藏本，直格版成并印刷好。同日作从祀颂。

　　七日癸卯，晴，得徐子作先光禄公而下六代像赞，录而藏之，将原底付士颖。

　　十一日丁未，晴，徐子作先考妣墓志铭半篇，次日成，并六代像赞，合送绤衣一袭。

　　六月十一日丙午，又作。至十三日戊申，成。

　　十二日戊申，雨，至芷津馆，为邀毛溪芷琅书志石也，时溪芷馆镇邑王崧生家。十七日癸丑，晴，召虚白斋画志石格。十八日甲寅，晴，邀溪芷书志石，申末毕，邀至局以十大碗菜待之，夜宿焉。后酬以泉利酒两坛。十九日乙卯，晴，徐子代章采南鋈篆志石盖字。二十三日己未，吴石工刻志石，起至三月七日癸酉，因仲夏地疑早至石作令停刻年月日葬地。五月二日丁卯，至石作量碑，即至陈子相家求书先考妣墓碑字。十日乙亥，往，未书。十六日辛巳，得所书碑字，亦酬以泉利酒两坛。二十五日庚寅，志石刻成。六月十四日己酉，往石作凿志石，钤眼用生铁、银锭四枚，于合处两傍钤之，即贴碑面大字。六月二十一日丙辰，作先考妣合葬记。闰十月二十六日戊子，至陈子相家求其次子其章达焕书《先考妣合葬记》于碑阴。十一月二十八日己未，往华姓其章馆取之，未书。明日庚申，往取并求代溪芷填书志石中年、月、日、葬地二十余字，以溪芷已入都赴试，即日至石作贴碑阴文，子相并为篆碑头六大额字。十二月朔日壬戌，其章来石作书志石字，后酬以礼物四种。至初六日丁卯，刻毕，石作西城内马森泰是也。

二十四日庚申,晴,漏八下,动雷九下,大作,而声且疾,寝而复起,疾雷甚,雨一夜。明日辛酉,西城桥毛生来说,昨夜湖田乡雷火烧屋三间,又一处雷击古墓一穴,尸僵干未烂而衣服如灰,并言其家小屋击一洞如镜大。余忘其地名,盖与西城桥相近云。

三月七日癸酉,雨,似杏朝坚当延龄续集会诣本庙参神,又诣祠拜贺光禄公生辰,午馔于长春楼。

是日,得假山亭山公墓被张润滋悬削之信。明日甲戌,阴,往视之果然,即遍告鲁泉正纲、允纲等俱置而不闻。

是日,因雨不得往扫先考及先周孺人墓,在家遥请。天晴,命采成往省。先是,五日辛未,清明祀祖及地屋主。明日壬申将往仲夏定石工,故先扫蔡孺人及倪氏墓,路顺也。

仲夏仙隐山之葬,一清择四月十三日己酉巳时,冯午卿评之,以为不若廿五日辛酉午时为妥。及六日壬申,至芝山,定石工阿连不允,即往仲夏杨伟文家商之,适闻周茹香、徐石门二人在碧溪庵,即邀来视之,俱云未佳。且曰:"如必欲葬,不妨先为筑土以定可否。"即日与伟文定价告土动工。十七日癸未,又往视之。五月六日,辛未,就杜荣光占仙隐山地,得复卦,断吉。

七月十五日己卯,晴,诣省城隍庙问墓地,得五十签,大吉,诗云:"为人修进甚功奇,命达亨通禄运时。改变迁移皆得力,每逢急难遇相知。"解曰:"为善事,积阴功。星辰泰,禄运通。有急难,贵人逢。凡更改,吉无凶。"二十二日丙戌,晴,作仲夏告土文,及沧漕江东支家漕告土文及告先考妣文。

八月二十一日乙卯,晴,召泥工断麻绳。明日,丙辰,往仲夏雇工。二十六日庚申,晴,四鼓时起,先往支家漕告土,即赴仲夏仙隐山告土开穴。将以九月二日乙丑巳时合墓也。启视底板,俱潮湿,且有泥气,右穴油浅二分许,中穴油如常,钱绳俱断。左穴油稍溢,绳如常。石工等俱云:"若此地已得中等,觅地甚难。更有甚于此,而葬之者疑而不决。"往石臼庙问之,得百十二签,下下,诗云:"春蚕作茧求栖箔,才得完成汤沸镬。不是人来伤汝生,皆因自己将身缚。""六尘俱不染,一性自怡然。欲识本来相,中天月正圆。"解曰:"勿起讼,莫连姻。坟与宇,恐遭迍。病解结,须求神。"决计改葬,遂归船,至半路大风,雨并雹。是日,命采成同正纲泥工往仓漕及江东告土探穴,归,询及先周孺人柩尚完固,盖历四十九年之久,而能如是,真大幸也,心喜之。明日辛酉,使泥工复至漕仓及江东修穴盖,定改卜也。二十九日癸亥,晦,微雨,即邀芷津来家,于三层楼下及蓑衣漕一带觅之,地中叶仁才说也,俱未佳。午后送归。

十月二十六日,赴芷津召,为得西山地欲与余同售,余因今年未能安葬,不欲。闰月朔日癸亥,晴,邀芷津同至九龙漕看地,未得,回。至家步行至郑郎堰觅之,得二处。明日又同至陈港岸及俞姓一带觅之,有可者皆属祀田,不能售。三日乙丑,芷津归,与采珍至郑郎堰阅昨所得地,询之亦皆祀田。下午,同至看经寺前后觅之,行过鲤鱼漕,赏其幽闲,爱之。五日丁卯,乘雨即同一清至漕求之,于漕内得看经寺田一处,又一处在唐家坟地及举漕戴茂洋田。六日戊辰,雨,同茗香往范梯青云栋家,为寺田也,未遇,托苏卓山以归后得回书,以难售为辞,盖误说一处也。七日己巳,雨,同戴永清至举漕,指示茂洋田令彼说之,以茂洋与彼睦也,将允被官庄佃人沮之而止。十三日乙亥,晴,与仁昌林继文并邀芷津同看城西龙须漕地,亦未佳。至十五日丁丑,一清来说唐家坟地,仲小宝秀礼已愿售矣。地虽杂而穴吉,且价甚廉,劝余售之。即日召小宝来成契,下午,同往定地界,复觅之。至胡家笆下,小宝云:"此地亦可售。"一清视之佳,即嘱小宝明早上城候地主同来。明日戊寅,晴,小宝同徐阿三召地主陈桂卿兄弟。至申末成价,写契。晚饭后画押。即夕嘱小宝等填地。次日己卯,往鲤鱼漕告土动工。十八日庚辰,往石作定界石八方。二十一日癸未,至漕看填地。二十三日乙酉,为迁料往仲夏杨伟文家,不遇,遇于唐家堰,托之而归。明日,丙戌,至李南生家为说亡姊坟事。盖姊适周益生而亡,自道光己酉,厝李姓沙泥街地租钱,历年未付。前与南生遇说及此事,余曰:"益生未能成业,不若汝饶租钱,吾代为迁出可乎? 彼允诺,及是告知。"二十六日戊子,伟文至家云:"抬工约在二十贯,已说好矣,唯折料石工必须自雇。"余闻知骇然。二十九日辛卯,至沙泥街认坟,未能决,又至鲤鱼看填地。

十一月朔壬辰,辰正冬至,诣祠拜祖,山上见雪。明日癸巳,微雨,同朝萃往鲤鱼漕,令伊雇工明早夯地也。夜雪即止。明日甲午,早起,召朝萃,尚未起,催之起,往召诸工久之。始及往,巳辰末矣。申末即归,工未善,朝萃误事也。五日,丙申,晴,赴周茹香家,以茹香墓多,在仲夏与伟文来往久,以其书托之必减价也,后果止七贯。是夕即召石工四名赴之。明申拆毕,托伟文抬出而归,泊于水门外。九日庚子,夜上舟,又召石工四名往仲夏。明日辛丑下料,是时水浅,以一舟料分载二舟而出,故用舟四只,夜泊于新福庙前。十一日壬寅,又来石工四名,亦以一舟分两舟,拖入漕内,上料毕,小料有进坟地者,余多放☐小泉庆荣田内。顺至藕池头阿敬家,为说过路田至小宝家为填地也。十二日癸卯,至江东李永福家寻益生,即同沙泥街认定而归。十三日甲戌,至茹香家说伟文抬工也。十四日己巳,为进料至石作召工。十六日丁未,石工十二名进料墓地。十九日庚戌,有雨丝,未明,召泥工至江东沙泥街仓漕告土,又赴鲤鱼漕及支家漕,后张告土。二十日辛亥,召木工作枢椽,泥工搬灰、肩油篓等物。余又至江东召益生,嘱其明日早来。二十一日壬子,阴,未明起,召泥工四名,往鲤鱼漕礤地并召一清定穴,益生午后始至,归途有微雨。二十二日癸丑,至仁昌托包菜十席,葬日用也。

十二月朔壬戌,赴祠拜祖,即往鲤鱼漕暖土。合仓漕江东支家漕,后张沙泥街告于新基,因路歧且乏人力也,神无不至,当能鉴诸。七日戊辰,有雪花,自局归家即赴甬,又至江东召益生与事,恐其忘也。八日己巳,晴,召泥工礁油灰,夜召泥工而语之,曰:"明日用四人,当未明,来家用饭,即往江东迁柩。毕事,令船随潮而归,吾等先归用饭,再唤舟至仓漕,及沙泥街迁柩。午饭后,可一同至鲤鱼漕矣。为日已迫,汝等能格外着力,吾当重酬汝,劳再三嘱之。"诺而去。九日庚午,晴,往召之,未起,及再召,仍未起。至三召,天已大明,方出,曰:"事只如此做法,恐迁处多,明日断不能赶齐。"余曰:"汝昨夕胡不言明,是使吾不及办而误吾事。将雇次工以索重酬,如此说,汝可无来矣,吾再商可也。"即唤快舟往西城内召石工四人,至则泥工已用饭,同采成往江东矣。盖余去时,未及回家言之也。遂同石工至仓漕,迁柩下舟后,以一舟至沙街,启穴视之,柩已朽,不可举矣。重盖好,顺至协记装料。午饭往鲤鱼漕,上岸即归,用饭时泥工于午后已归,用饭去矣,因余言覆之也。是夕,往支家漕。十日辛未,早饭后先迁先蔡孺人柩,后及倪氏下舟,带红大板二八斤,砖百余,余堆在穴地以不待用,且防日短也。午前至后张迁瑞璋妻李氏柩,料下半,用饭,申刻毕,乃归舟至鲤鱼漕,日入矣,卧于舟中。十一日,壬申,晴,早饭后,进柩及料。至午刻,五柩已进葬地,料亦有进者当泥工之覆也。余使献南召他工,献南再三相劝,令伊改过复来。故十一日,以五人至,三人在家搬灰,二人下乡,及至见田内堆积坟料许多,大言曰:"恐十三日尚不能了事。"余闻之,恐石工被伊误,往谓之,曰:"汝等着力,勿视此辈,吾当格外酬汝,不在算账时并揭也。"石工欣然,此日几乎毕事。盖是时水浅,船入漕内必用棕索两条于两岸,各以五六人力挽之而进,舟重者又分料,是以难也。而先周孺人柩船,九日潮退未及上。至夜半复涨,始入河,采成卧舟中,因余十日往至雨处迁柩,令再泊一宵。及是日辰刻至漕,进内亦多石工力也。十三日,席散,即给钱一贯,以酬其劳。午刻,归装厂料,又赴之,晚又归,检点一切应备物件。是日，益生、守成、乾纲在家。十二日癸酉，早起，阴雨，雨丝并霰，心大惧，于未明时召泥工二名，快舟二棹，备里衣一袭及棉衾等，命益生监之，往沙泥街掇亡姊骸。巳刻至漕，当伊等去时，余即装用物及女舟赴漕。是日，在乡田中绞厂起纛，益生至，为余作饭。午刻，即有日，大暖。申刻，一清至，定向即放底板六穴碑。舟至，又来石工四名，进料后，并放碑座，泥工五人削砖而已。守成在乡，振堂、茗香、日新、鸿道各一至，是夜俱宿于墓所。余睡片刻即起，时月明如镜，暖气袭人，风恬露净，好佳景也。至寅初，召诸工起，作福毕，动工迁椁。辰初，就即造旁三穴椁，而先考妣穴内荡灰毕，用火盆三，各穴中熏之，燥而且洁，火气内蒸，日光外铄，个中浑是一团和气。辰末，先上倪、李及亡姊盖板。倪氏及亡姊两穴墓上，并铺瓦以走水，以其非对折板也。及巳正，上先大人墓盖，毕事造志、椁，盖志石二方，长三尺二寸，阔二尺二寸，厚四寸，一阳一阴，覆而合之，字俱在，中钤以铁锭四枚，放在墓上中穴之中，用十六斤砖及丝扣砖造圆椁以封之。而旧主即藏志石之上，然后加土筑之，此式得之穆公岭先正献公修墓时，盖宋制也。宋人葬时，有圹志藏于穴内，有墓志藏于穴上，显者又有墓碑、神道碑。今人妄作聪明，以为盖板恐致损伤，放在栏土碑阴之后，不知椁既造成，坚如铁石，且志石之重不过一二百斤，而土之重孰为较量乎？况所以藏志者，恐年湮代远，封平如地，为后人开垦也。志藏穴上，适居其中，开者见之或为中止。若藏于栏土碑阴之后，至封平时已陷入地，谁得见之乎？甚矣！后人之不明如此也。当造志椁，时石工即树碑，碑高八尺六寸，阔三尺二寸，厚四寸半，面陈劢题大字阴书《先考妣合葬记》。时月之十三日，甲戌也，日暖风恬，人工俱着单衣。是日，一清与乾纲黎明至，张高成早饭后至，景苏至家而未到墓。午刻祭毕，送藕池头菜一席，酒二壶，饭一桶，过田钱二千七百。送郑小泉菜一席，酒一壶，饭一桶。申刻归，夜晏诸工及亲族，合九席，而乡人之来者,小宝、阿三等四人,戌末散。十四日乙亥,晴,还物及帐。夜召一清、乾纲、献南及大桂饮醉焉。明日丙子,午刻立春,晴,上下午有雨丝,送一清洋一员。十六日丁丑,阴,至石作付帐及包菜,顺至徐宿焉。次日戊寅,付泥工事讫。

九日乙亥,晴,夜得采成书一封,中有抐去空白,上下文气尚接,即写回书训饬之,醒而而知为梦也。及十六日壬午,采成果去。

十二日戊寅,晴,由局行至杨家水畈,拜扫日月祀墓。是年,鲁泉代月大房当辨。

二十三日乙丑,晴,午后赴仁昌,为采珍、茗香、纲宪相邀商,小椿、纲桁吞没伊祖春堂公祀田故也。

四月二日戊戌,晴,族兄韭塍、朝瑢至局,即同至本祠,宗长亦至,为伊家公祀房租也。韭塍理曲,未说妥,散。

六日壬寅,立夏,早雨,午后晴。祀祖。

十五日辛亥,诣祠拜光晦公生辰。

十六日壬子,晴,饭后与张守成往后,张为伊兄弟明日分家也。鸿飞生三子,长茂初,次守成,三葆初。茂初未娶而卒,鸿飞在时已为阴配,后并收入谱中。理宜立继,作三房分,而鸿飞弟鸿道无子,将以葆初为子,欲对分之,其妹婿励仁山助之,邻族劝之不听,遂不及分而归。

五月六日辛未,晴,至杜荣光处占终身,得"兑之夬",断吉。

八日癸酉,午后晴,士颖携竹江所得下袁埭支谱世系来阅之,舛错颇多,可采者录其数则归之。

十日乙亥,阴雨,齿痛,未用饭。至十二日肿稍退,蒙徐子赐外国齿痛药敷之,亦无效。十四日,医生周庆澜来诊之,以为中气虚,故进血气两补方,服二日,愈。服药至十九日止。后常服之。

十六日辛巳,未申之交,大雷雨,送《重修正学祠碑记》稿于徐子,求作文并求书《先乡远公像赞》。三十日乙未,徐子书像赞,手交士颖藏之。

同日,得薇卿寄戴氏谱中先正献公所撰行状。

十七日壬午,晴,得沈纯葆寄先正献公所撰沈叔晦言行编,颇多舛错,发书与韵轩,凤山往衙前,沈氏抄之。六月二十八日癸亥,晴,得凤山寄沈谱言行编原稿,虽有改正,而误处尚多,乃合《宋儒学案》及本集校之,校正两处所得之本,各为注明归之。

二十三日戊子,夏至,晴,大热,夜有雷隐然,声不甚大。

二十八日癸巳,晴,家贤至局为小河头伊祖墓旁地,云为丕木侵占也。余告以吾非自少居此者,未知其详,不能悬断,当求老成知者言之。或告其从兄丕烈亦可。至闰月十八日庚辰,又来,余云:"且待冬至再说。"

六月四日己亥,晴,午后雷雨,是日寒甚,夜借棉衾。次日庚子,被厚棉衾。六日辛丑,大寒,日中着棉衣。是日都中下雪。至十六日,由德昌书知之,刘艺兰云也。金陵长江一带是日有雪花,至省闻之。至八日癸卯尚寒。

十六日辛巳,得房官单,姜卓一,李士恺诸暨县二,吴绍正即用三,张彝遂安县四,陈谟石门县五,王景彝六,曾国霖七,罗子森瑞安县八,陈友诗临海县九,方洁平阳县十,姚微典兰溪十一,潘玉璿金华十二,丁澍良委用十三,张蕙圃新城十四,王彬试用十五,林步瀛十六。

十九日甲寅,芷津评余命以申运为贵人,后未、午、巳三运最佳。

二十一日丙辰,晴,申末雷雨,大寒,夜借棉衾,漏一下,受寒而泄,早起又泄二次。次日丁巳,大雷雨二阵,犹借棉衾。

二十二日丁巳,归家阅谱,中未旌节妇并献南来,共得九名,至体仁局取册,誊正送去。是年,志局具呈县主,请出示晓谕,本年请旌节孝,由体仁局题请。以前未请者俱许往报,概不取费,唯准后来报,报房给钱百二十文,吹手给钱六十文而已,下乡船饭酌给。

二十三日戊午,得镇邑宗人谟《望浃楼诗草》二本,将求陈、徐二老改正也。九月二十六日己丑,送呈陈子相斧正并求作叙。

二十五日庚申,得本省主考信,正丁未进士,通政司副使刘有铭,直隶南安人也,副己未进士右赞善李文田,广东顺德人也。

七月朔日乙丑,陈钧堂当深宁会与萼楼、艺兰、平甫同至陈祭王厚斋先生享馂三席。陈骏孙以己事同往,亦与午馂,因会友多将赴省试,改期也。

八日壬申,励宏仁甥自余杭归,宿于余家,盖将赴省试。是日,祀祖及地屋主。

十日甲戌,晴,赴省至茂生行午馂。午刻如厕,鼻窍出红,吐数口而后止。是日因划船未至,夜饭后上乌山船,船内已有十四人,甚隘,大不如意,泊于浮桥东岸。明日乙亥,始行,巳刻泊于王墓,土名何吴也。上岸游玩,酉初行,夜过姚江,泊于横河坝,大热。十二日丙子,又大热,夜泊贺家坝,蚊过,不克睡。丑刻登岸,饮于坝上。十三日丁丑,过曹江至青坝,用点于东浦,自开舟连日晴热,至是日午后,大雷雨,舟至西兴,天已大明矣。十四日戊寅,由沈宝元行发担过江半济,遇雨登岸,后雨紧行,至其昌洋药行,鞋已湿透,雨亦大至矣。盖是年,由茂生寓其昌也,行东叶金贯行主贺显昌,相待以礼,后送显昌以陈劢书楹帖一副,行友以蚶子二十斤,给栈友洋一员,送茂生行主族叔耀庭以陈劢、乌世耀、范邦幹、沈淮书屏四幅。十五日己卯,晴,赴省城隍庙求仙隐山地,签已详前墓事,并问终身,得十六签,下下,诗云:"艰辛来往阻山川,水陆惊忧事万千。所干两头皆有失,须愁病与讼相兼。"解曰:"谋事艰难,百无一就。恐有恶人,一朝邂逅。徒尔劳劳,频将眉皱。急祷上苍,可消灾咎。"下午与显昌游西湖,有诗。十九日癸未,晴,与刘艺兰四鼓起用饭,赴学署录遗。艺兰借宿余寓也。题"周公谓鲁公曰"一章,策"历代海防",诗"吟登李杜坛得吟字。",未刻出场。

八月丙申,晴,是日,行主设席晏客,蔡听蕉琴、王水香赓年及同寓署德清教谕孙莱仙鳌皆镇人也。八日壬寅,晴,早起赴贡院,坐东才六十四号,题"不以其道得之至成名";次"予怀明德至有伦";三"孔子曰:'大哉,尧之为君'";诗"门对浙江潮得潮字。"初十日甲辰,午刻出场。十一日乙巳,雨,复赴坐宿字二十二号,题"《易》'问焉,而以言至遂知来物',《书》曰'雨至衍忒',《诗》'于皇时周至时周之命',《春秋》取'郱田自漷水襄公十九年',《礼》'古者以周尺至四尺二寸二分'"。十三日丁未,午后出场。十四日戊申,晴,三赴坐云字五十二号,策经史文体、算法、浙东水利也。十五日己酉,晴,午后出场,有《别号》诗一首,将以明日过江也。十六日庚戌,脚船未至,又主人情重,欲留过节。明日同行从之,翼午同显昌过江至戴礼明行坐。划船归,夜泊于曹江。明午过姚,泊于郁家湾,登岸同玩一次。二鼓至西坝,到濠河方三鼓,以诸店俱寝,宿于舟中。明日癸丑,同至茂生用早饭,遂归。

二十日甲申,晴,至锦成绸庄,访章采南鋈,顺至韵轩画堂、楚香寓,俱为从祀颂也。宿于楚香寓,得酒友海盐沈子云丙吉,亦寓梅墟,与楚香同居而寓者也。

二十二日丙戌,午饭后睡,忽梦凶人入室,不能遁,被逼至上屋而醒。

二十四日戊子,雨,服庆澜方药,五日而止,从家带往也。

三十日甲午,晴,与显昌登城隍山,用茶于四景园,遇雷雨,命人取雨具而归。是日至庙中,遇天台宗人之赴试者兰坡等,云:"吾支是新昌令元公之后,皆居邑中,迄今不下四千余家。"

八月朔日乙未,将往南屏拜苍水张少保公墓,因昨宵大雨,地湿不能行,又乏同伴而止,有诗四绝。

同日早辰,就行中所供武帝神像前掣签一枝,阅诗得"刘智远得岳氏"上吉诗,"嗟子从来未得时,今年星运颇相宜。营求动作都如意,和合婚姻诞贵儿。"

二十日甲寅,晴,宝甸姊童氏妇为宝甸行事来,适余葬期已近,遂留之。时伊叔母早在余家,至九月七日送归。十二月八日己巳,复召之。葬毕,至十五日丙子送归。

同日祀祖,因余在省,补中秋祀也。午饭后为丕木写《从子斌志辞兵粮禀》。

二十二日丙辰,腹痛,大便荡,多泄。至二十七日辛酉,得吐始愈。

九月九日壬申,耳痛,次日未愈。十一日甲戌,服觉轩方药,至二十八日辛卯,耳虽稍愈,头后湿疡。自八月在省起,犹未痊,且左目翳甚,又服觉轩方药。

十一日甲戌,夕梦。方食早饭,先父命予往买假鬓一只并腐乳浆,云:"要甜些。"以铜钱四五十与我,我起身欲去,又云:"在近城门口用轿去。"余答曰:"如此,待余用完饭去。"即醒。

十月十日壬寅,午初,局中大水缸忽然涌溢。

闰十月十一日癸酉,晴,午前与徐子、洪筱乡、觉轩同赴感存公所拜贺,以景贤堂成。是日,祭奠奉安先辈创义田诸公神位也。

宋赠少师汪公、忠定史公、庄靖汪公、端宪沈公、宣献楼公,高公讳文善,袁公讳㭓,吾先正献公季弟也,陈公讳定孙,史公讳徽孙,已上九人。下二人系掌事者,元濠孙吴先生,全祖卢先生。

二十四日丙戌,覆徐子家馆事。

十一月朔日壬辰,晴,冬至,山上见雪,诣祠拜祖。

十八日己酉,晴,至陈子相、洪筱乡、范子、陈葵卿、陈鱼门、秦菁芷、冯午卿、徐子舟或家或馆,催从祀颂。廿二日癸丑,雨,又至子舟家。廿四日乙卯,大风,又至陈子相家。二十七日戊午,三至子相家及陆渔笙家。十二月六日丁卯,阴风大寒,至张铁峰家,又至鱼门家。二十五日丙戌,阴,三至子舟家,又至铁峰、午卿、范子家,俱为颂也,无一人缴者。

三十日辛酉,晴,鲁泉家设奠祭先人寿,因从子吉日之便而先期也。余在其家及晚醉归,已卧矣。而间壁大房小屋火起,幸即扑灭,是一幸也。

十二月十三日甲戌,晴,合葬先考妣及倪孺人,与瑞璋妇李氏亡姊周门事,已见前。

十七日戊寅,阴有风,使采成至茗香家交鲤鱼漕内地契两纸,并各除票,烦其至税房税之。次年正月十五日遇于途,据云已交县书矣,尚未税出。

十八日己卯,阴有雨丝,自十一月十一日自仲夏搬料归,即右膝痛。及葬毕,左齿又痛,至是服庆澜方药,至四日而止。

十九日庚辰,晴,至茂生,为纪常、铭常二侄后进屋事,将出售于族叔耀庭也。初自冬至祠中说起,因前典主限期未满不决,十一月廿九日,纲铉等吉日晤之,始云:"吾当于前典主说妥再行上恳。"至十四日兄弟同来云:"已说明矣。"恳余往说,余因葬后有事未出,十七日往价将定而未决,及是日始云:"吾闻此屋正纲已挽人至王姓说过,俟吾等将售,彼必照价售之。况原契随在王姓,权在其手,恐徒劳心力而费口舌也,不如已之。"余即以其言往覆,纪常等又欲将前进屋契押洋数十元为卒岁用。余曰:"彼非误汝,而今贷之,是直动口要钱也。"吾不能为作说客,遂归。至二十二日癸未,二侄又至,将以后进屋契押钱于正纲,余未之允。朝寳又至,说及此事,曰:"此人当强押之,必允。吾知其来意,以必得为期。"余曰:"吾且召来为汝说之。"遂使铭常往召,及至,余谓正纲曰:"汝久未来,恐吾叔今年做大事,欲贷汝钱,故避之乎。然吾不贷汝,汝可放心。现有屋契一纸,要向汝处押洋六十元,汝可观之。"即将契交彼,正纲接契放在桌上,速之观一阅而言曰："吾已知之，问价若何。"曰："一千贯。"余曰："尚有一百在后，今纪常等无以度年，欲将此契于汝处押洋六十元，以数讨之，当可。"正纲允而未实。余曰："若汝自有，吾当为汝作中。若往押他处，吾与彼无交，可无容吾为中矣。"时随写随说，正纲邀余至门外，气已上冲，续声而言曰："吾力未及，意若吾之欺彼者。"余曰："尔与彼等侄耳，何亲何疏？不妨面说。"即入内告纪常曰："彼力未及，可向他处筹之。"正纲即托有事而去，朝宾又欲往正纲家自说，令纪常在吾家俟余，曰："去则俱去，令伊在我家，是我使汝强押也，且吾亦将出矣。"乃同去。

二十日辛巳，晴，往周港岸朝壤家拜神，日月祀，谢年也。归已二鼓，遇雨。

三十三日甲申，雨，同士颖至铁耕斋检新刻《絜斋集》板，归至伊家检正藏好，是集始刻于己巳五月七日，至庚午十二月四日成，校对经四五次，而搜求遗文校勘舛讹，皆余一手，而徐子定之，尚有补遗一卷，因从祀颂未缴齐，俟之同刻。

二十四日乙酉，雨，作本祠像祀叙及规式。

二十五日丙戌，阴，励宏仁甥自余杭归，寓于余家过年。

二十六日丁亥，晴，是夕祀神，本择本日戌亥时谢年，因李姓及纲铉二家祀毕，已交二十七日戊子子时矣。

二十七日戊子，祀祖及地屋主。

二十九晦日庚寅，有微雹，大风寒，命采成往士颖家请四代祖像，午后赴祠悬设。归，悬思永祀、永贞祀及倪孺人像。夜又诣祠拈香烛拜祖，归家亦然。

是年，本祠像祀约已可定，而族人多不肯先当者，余乃认之而归，独当一年。元旦粉团东西像前各三碗，中座及左右座亦各三碗，一席共十五碗，午前供菜五席，计五碗，收像供菜亦五席，早晚大牙烛各一对，上香供箥日大牙五对，银锭每次一百，香烛至初六日收像止。是日收像，吾以备八碟，四热碗，一暖锅，菜二席,后坐一席。

复卦　巳月辛未日,占仙隐山墓。

兑之夬巳月辛未占终身。

己酉　癸酉

壬申　辛未　庚午　此采成命也,葶楼评云:"当以癸水为主,金运不。"

己酉　癸酉

壬申　辛未　庚午　此芷津评采成命也。

辛巳　戊戌

己巳　戊辰　丁卯　佳若佳矣。作从革局看,则八字中七字属金。

辛巳　戊戌

己巳　戊辰　丁卯

乙酉　戊子　己酉　癸酉

丁亥　丙戌　乙酉　甲申　癸未　壬午　辛巳　此五月十九日芷津来局评余命也。

左局校阅书目:

《钦定胜朝殉节录》

《明史》

《浙士登科考》

《明儒学案》

《两浙防护录》

《寒松斋诗集》

《管村文钞内编》

万季野《讲经口授》

桂良《簧宫敬事录》

《絜斋集》

《蒙斋集》

万季野《新乐府》发刻时代校正之也。

《清容居士集》

赵恒夫《寄园寄所寄》

乌斯道《春草斋文选》

张津《宝庆志》

梅应发《开庆志》

袁桷《延祐志》

王元恭《至正续志》

冯福京《大德昌国州志》

张东沙《嘉靖志》

《闻志》

《三茅志》

《桃源志》

《柳亭庵志》

《咸淳临安志》

《康熙仁和县志》二十六年知县赵安世修

《康熙钱塘县志》五十七年戊戌知县云岑魏源修

《康熙海宁县志》

《嘉庆余杭县志》四十卷十三年知县吴县张吉安修

戴帅初《剡源集》

华夏《过宜言》

《攻媿集》百十二卷

李延寿《南史》

《宋史》

《王临川集》百卷

《杨文懿公集》《晋庵稿》一卷　《镜川稿》五卷　《东观稿》八卷《桂芳稿》四卷　《金坡稿》七卷　《铨部稿》一卷

《图绘宝鉴》

《象山先生文集》

《深宁文钞》八卷附《年谱志传》一卷道光己丑刻

《吕东莱遗集》二十卷雍正年重刊

《史忠定王遗集》即《鄮峰真隐漫录》

《读史方舆纪要》百三十卷常熟顾祖禹著　宁都魏禧叙

《荥阳外史》残本

《南雷文约》

《秦淮海集》

《本堂集》诗残本

《鲒埼亭集内编》又《外编》

郑梁《寒村集诗文选》十八种三十六卷见黄稿《五丁集》《安庸集》《白云轩集》《南行杂录》《高州诗集》《寒村杂录》《半生亭诗集》《息尚编》

叶文庄《水东日记》

《乾隆于潜县志》三十一年知县岭南陈泰年修

《康熙昌化县志》十二年知县周颂孙修

《嘉庆嘉兴县志》三十六卷六年知县汾阳司能任可亭修　训导鄞县李永烈芑舟订

《康熙秀水县志》廿三年知县石楼任之鼎教谕、四明范正辂修

《嘉庆嘉善县志》二十卷五年知县德化万相宾观亭氏修

《明海盐图经》天启二年知县黄冈樊维城、亢宗甫、邑人职方胡孝辕及姚叔祥修

《乾隆续图经》乾隆十二年知县宛平王如珪、长沙周宣猷、邑人左副都御史海昌陈世倕修

《道光石门即崇德改县志》二十六卷元年知县济南耿维祐修

《乾隆平湖县志》十卷五十四年知县遵义王恒修

《桐乡县志》残本知县三韩徐秉之修

《湖州府志》

《康熙归安县志》十卷癸丑年通判姚时亮、知县濠何国祥修

《乾隆乌程县志》罗愫修

《乾隆长兴县志》知县谭肇基修

《明嘉靖德清县志》嘉靖乙酉知县福清方日乾修

《乾隆武康县志》八卷十二年知县宁河刘守成修

《乾隆安吉州志》十四年知州衡湘刘蓟植修

《康熙孝丰县志》十二年知县罗为赓修

《绍兴府志》

《嘉庆山阴县志》三十卷八年知县河南徐元梅修

《康熙会稽县志》二十八卷二十二年知县玉峰恒斋王元臣修

《萧山县志》

《余姚县志》

《康熙上虞县志》二十卷十年知县祁阳郑侨、署敕谕四明举人姜岳佐修

《嵊县志》乾隆中李以耿修

《宋儒学案》

厉樊榭《宋诗纪事》百卷

《勾余土音》

《四明谈助》

高隐学宇泰《敬止录》

《四明献征》

《四明文征》

《四明诗汇》

《四明诗萃》

《宋诗钞》

王蓂嗣右仲《密娱斋诗集》《学游草》《九怀》《最适草》《雁山纪游》《药笼存草》《惭陶集》《冷然草》《腹留草》《喜词》《证习编》《远志篇》《桂石

轩诗《夷困篇》《涉川吟》《铁匦篇》已上内集又《初集》《剩集》

《元诗选》

《甬上耆旧诗》

《昼锦楼氏谱》

《桃源水氏谱》

《浮石周氏谱》

长乐敖陶孙字器之，号体斋《江湖后集》

《严氏诗缉补义》

郑清之《露香吟稿》

龙泉沈说惟肖《康斋小集》

《乾隆瑞安县志》□□卷　十四年知县蜀忠陈永清宁人氏修

《康熙新昌县志》十八卷　十年知县古庐陵虚岩刘作梁修

《乾隆瑞安县志》十四年知县蜀忠陈永清宁人氏修

《雍正浙江通志》二百八十卷

《嘉庆湖北通志》一百卷

《乾隆贵州通志》四十六卷　姚州知州靖道谟修

《安徽通志》残本

《嘉靖山东通志》四十卷　癸巳年四明陆钺陈沂修

《江西通志》

《康熙苏州府志》八十二卷　三十一年编修沈世弈修侍讲缪彤

《康熙常德府志》十卷　九年知府陇右胡向华光岳氏、郡人贺奇天放氏修

《康熙松江府志》五十四卷　二年知府三韩郭廷弼修

《乾隆荆州府志》

《雍正扬州府志》四十卷　十一年两淮运使仍摄府事博陵尹会一修

《顺治汾阳县志》四卷　十三年知县吴世英杨焕修

《乾隆曲阜县志》一百卷　五十九年知县楚安乡潘相修

《道光太康县志》八卷　　八年知县都昌戴凤翔修

《漳浦县志》二十卷　　王猷续修　漳州属　残本

《乾隆郏县志》四卷　　七年知县张楣季容氏修

《乾隆鲁山县志》九卷　　八年教谕傅尔英实夫氏、贡生宋足发愚若氏修　连上皆河南汝州属

《乾隆巩县志》四卷　　十年知县邱轩昂修　亦河南

《康熙灵宝县志》四卷　　三十年知县霍浚远修河南府陕州

《道光保安州志》八卷　　十五年乙未石屏知州杨桂森修

《乾隆泰和县志》四十卷《附录》一卷　　十八年知县高阳冉棠修

四明陈允平衡仲《西麓诗稿》

四明高似孙《续古疏寮小集》

廉村薛嵎仲止《见云泉集》

钱塘陈起宗之《芸居稿》

永嘉徐玑渊灵甫《二薇亭集》

石屏戴复古式之《中兴群公吟稿》

《雪岩吟稿补遗》

已上南宋小集

《四朝闻见录》

《新安文献志》

《烛湖集》

周屺公《证山堂集》八卷

仁和汤右曾西厓《怀清堂集》二十卷

钱唐张贲绣虎《白云集》十七卷　　乾隆壬申刻，有同里陈譔序

文石室《丹渊集》四十三卷

彭城陈师道《后山诗注》十二卷《目录》《年谱》一卷　　宋任子渊注

蒋学镛《樗庵存稿》

韩驹子苍《陵阳集》四卷

山阴沈楫庚轩《存存堂诗草》八卷嘉庆壬申刻　　楫以州丞从丞军西蜀仕至知府,有杨芳灿、谭光祐、曹师曾、严学淦四序

海昌祝熙江春《碧梧轩诗集》十七卷同时嘉庆丁丑刻,临洮李华春坦庵序

《乾隆永新县志》十卷　吉安府属十一年知县苍梧王瀚修

《嘉庆成都县志》□□卷　十八年知县南陵王泰云修、云南曲靖府知府南昌衷以埙纂修

《嘉庆东乡贤志》三十三卷　二十年知县徐陈谟修

《万历嘉定县志》知县淄川韩浚邃之氏修

《钜野县志》残本

《康熙江宁府志》三十四卷　六年知府西安陈开虞大亨修

《乾隆归德府志》

《乾隆虎阜志》五十六年学政钱大昕、户部主事潘亦隽、苏州教授顾敏恒订定,长洲陆肇域豫斋氏编辑

《奉化县志》

《定海县志》

《象山县志》

十年(1871),辛未,年四十七岁。

是年,在家训蒙,始于正月二十一日辛亥,阴有疏雨,来学李国耀水东伟豪三子,家泉自六月七日丙寅赖学,至十四日癸酉来,余闻其以凶器犯上,家人习以为常,不为惩治。严戒而遣之,并令其父重责,然后再来。盖欲使其知不孝之罪天地所不容,即旁人闻之亦稍为警悟。无如溺爱已甚,终掩护之,余亦不可复收也已,受纲四月八日赖学,甚至逃台不归,逼令人去寻,盖彼以为可生也。四月廿一日一至,亦未背书,明日又赖学,从此不至,□□以余为心实以忧赖教其至,每日押至,稍后或遁去。

廿四日甲辰,晴,族人丕木以其从弟丕烍三子朝璟从学来说,余知其已定旧馆,于理有碍,覆之,甚见怪焉。时俗师学徒多至,浼人往说,今彼自来,而反覆之,是不准面情也,能无后言乎?

廿九日己未,晴,家梓来学。五月六日乙未,晴,李扬菁来学。族人朝增婿李□□子也,前月五日迁于此。

九月十八日乙巳,晴,朝璟来学。先是,八日,其父来云:"子多病,在家已三月矣。"前送束脩,时已将馆覆,实今病已愈,若再往说,因前事似难启齿,若不学,是弃之也。托在同宗,其必不辞,余信其言,始允。至十二月十五日庚午,雪放,计授业二百九十日半。其间放学日期二月八日为正学祠祭。十五日下午至十九日为岁试。三月七日为延龄会。四月十七日疾。六月廿六日往徐子家拜冥寿。七月廿四日蔡孺人生辰。八月十五日、十七日为朝颐。九月七日往范子家拜寿。九月十六日李英来借其兄室完姻。十一月十七、十八两日励姓葬事。十二月九日至十四日为受纲事。共计廿一日半。

正月辛卯朔,大寒风,辰刻见日即阴,时有雪花。二日壬辰有雪,三日癸巳,雪深一尺。次日未消尽。是日取碗,其下有盖,误落碎之。

值本祠像祀,早辰连祖座,统供粉团。午前供菜,连祖座五席,每席五碗。六日丙辰,阴,收像供菜,照前式享馂二席,八簋、四炒、一暖锅,去年族人丕烈定议也。至者宗长、丕烈、献南坐一席。自晦日悬像,前供果盒,早晚净茶拈香烛,亲到拜谒。是日,议像祀事与族人丕木论不合,未定而止。

二日壬辰,雪花,值先正肃公生辰祭,午前零设座于前门,东房供菜一席,十二碗,宗长与献南到,用酒点,去。

值思永祀。

值本境延龄续集。

十六日丙午,惊蛰,雨,辰刻见日。有□纲覆长子宿食,次子从学事。去年九月间徐子聘余训孙正塘,因受纲颠倒未允,与□纲商,伊有二子,长年十五,次九岁,喜余归,即允长子寄宿余家,次子寄午饭一餐,犹恐其多变,屡及之,迟至十一月始,再三覆徐子馆。是月十三日癸卯,晴,朝政吉日,同在伊家,告以坐馆日期,始有异言。是日来,始说以次子就便馆,继说二子俱归家用饭，予始未允。十九日己酉，雨，允其二子寄午饭一餐之说，盖彼久觊德纲后进屋，以价重，将俟其紧急贱售。去年将永与族人耀庭浼余作说，已成价矣。彼至前典，主嘱其不交前契，待将成券，可照价缘之，沮耀庭不售而已，可以贱价得也。耀庭闻知，果然，时已十二月廿二日也。德纲窘甚，将以前进屋契价计一千一百千押与耀庭，告以不成，又以契至余家，欲押与□纲。余因告以耀庭覆屋之故，德纲曰："吾尝问之，再三推托，且彼欲之，何不与叔面说。"余曰："彼之爱钱，汝所知也，耀庭之事，以吾为中，彼此俱属尊长。若彼与吾面说，一则无以见耀庭之面。二则其价必重，故阴使前主沮之，使不得售。俟彼之覆，而又欲使汝恳吾劝彼永之，则事出有名，彼之得屋，准吾情也。可以借此以告他人，然果出此，其价必减，且成亦未可，必押契之事，其必不成可以已乎？"德纲再三恳请，余曰："汝不信，自召之来，与面说可也。"及至，□纲以为后进事欣然，余方用饭，即将屋契与之，执手一观，始变色，告以押钱之由，执一不允。余固知之，亦不再言，各归。故至此，而起覆馆之事，知我从学止二三人，将绝吾生路也。何知之？盖彼自去年屋事起，先人安葬并未一到，自岁莫至新正，亦未一次过余拜像，亦瞰吾之出也一至。及坐馆有日，不得已未说，前此犹喜余从学止二三人，待余覆彼，此为反唇地也，凶恶至此，天伦灭矣。虽或吾运不善，其存心亦忍矣哉！

　　十七日丁未，阴，早往袁家山祭亭山公墓，及吉安、默斋二公并蕚斋公墓，乾纲促之，始至。归后，往杨家水畈祭先曾王父美斋公、先王父璞斋公墓，零备供菜一席，祭先君任公玉华公墓，旧制也。从省已久。余特复之，与者子纲、友纲乾亨房，未到乾利房，召之再亦无一人到，午饭后，往鲤鱼漕祭先考妣及亡室等墓。正纲于午饭前始至用饭，同往为其子事，非本心也。

　　十八日戊申，微雨，早使宏仁召泥工长寿，为合葬其祖兆熊伯、铸仙父毓秀墓，并其母主穴也。迟之不至，买舟往陈家塘，自备菜,祭励氏墓,见厝地尚有六穴可做,但向宜稍偏,以避当前厝穴耳。祭毕归,长寿始至,询以宏仁族祖毓秀及叶氏穴,亦未知,云:"当问廷荣。"午后往提署访谢行标,以励氏费款押洋三十元为葬,用不足,余自垫之。行标,毓秀契友也,时宏仁以成衣为业,已无家可归,余悲其穷,且思他日一成家室,葬事必不能办。又伊祖母,余胞姑也,及其伯枢俱暴露,心尤恻然,故特起是心,行标时未决。二月十二日壬申,晴,又往,未遇。时宏仁已于前月廿二日往余杭矣。廿九日己丑,先夕大雷并雹,后甚雨,至明晴,同戴一清至陈家塘定励姓墓向,壬丙兼己亥,访管墓人龚阿狗于丁家庄,离墓远半里许。三月三日癸巳,黎明大雷雨,日中晴,申后阴,又至行标处始允,顺至廷荣家问穴,云:"知之。"约以暇,时同去一认,终不至。二十日庚戌,晴,午后,一清来择励姓葬日。六月六日乙丑,晴,至日新家托办麻索及箈,为励氏用,屡促之,终未得。二十六日乙酉,丑刻雨,后晴,由徐子家又至行标处,始允如数。七月十七日乙巳,午前有雷,时晴时雨。是日,宏仁由余杭归,以葬日近,且生意清冷也。九月七日甲午,阴,时有微雨,由范子家顺至石作定碑,又至小香家,未遇。九日丙申,阴雨,午后晴,又往托周苣香写励姓碑字。苣香名丰,铸仙友也,写法及碑式纸,明日令宏仁将去。廿一日戊申,晴,宏仁取行标十一月二十日过震泰庄洋票廿一元八角。至廿八日乙卯,晴,午后疏雨,宏仁取碑字,并行标洋二元。至十月十三日庚午,晴,将贺倪懋德迁居,先至石作交碑字。廿九日丙戌,阴,宏仁取行标洋六元,至少二角数。十一月丁亥,朔,大风,寒甚,代宏仁作合葬告土及告祖父二代祝文四篇。二日戊子晴,大风,寒甚,早饭后,召乾纲同至陈家塘为筑基,并借灶屋事,俱未遇。三日己丑,晴,因屡召长寿不至,至泥工杨阿小家,顺至廷荣家,未遇,其妇云:"已与长寿说好。"余曰:"屡召不至,吾已定实归。"思廷荣亦为衣工,宏仁不免有所照拂,午后,又往令长寿于五日来家面约。其日辛卯,晴,自士颖侄家归,转至廷荣家,又未遇,归家。长寿来说,定是日灰至过秤,午后,始往阿小家覆焉。六日壬辰,晴,黎明起,同泥工往启攒廷荣,是日一至,事毕即归,周益生亦至墓所,为菜召之也。七日癸巳,晴,约书下乡应用货物帐,及书请祖进屋祝文。八日甲午,晴,往协记观料,又至石作催碑。九日乙未,晴,阿狗为筑基来。十二日戊戌,阴,上午微雨,后见日。是日,礴灰起,午刻宏仁同母至,先一日往也。十三日己亥,晴,阿狗以完工来告,其夕往洪港岸载料,庚子晴,午后阴,至陈家塘上料,其夕雨。十六日壬寅,阴有雪,午前元涛宏赉至,宏赉饭后去。午后益生至。十七日癸卯,晴,大风,黎明,至城内唤船载料,俱敲门而入,饭后命宏仁押赴墓所,余在家点用物及食物。巳刻,宏仁以泥工多事来告,余即检齐,步行赴之,夜宿墓所,睡半夜起,子时动工,辰时上盖,午初毕事。先日申刻,放底及碑座皆石工力也,先是,余与长寿约:"宏仁安葬,其力不及,实因伊祖母无墓,吾发此心,费多吾所代办,汝是旧主,凡事当从省。"葬日工用八名石工,只包竖碑不与葬事,并允诺。及十七日至,工已九名至墓所,又私留石工、凡事自专,及毁损作料、涂茨不周、不可言状,谕止之,复出恶言。余不忍视,乃命元涛等监视,人无本心,乃至于此,归家即命来舟送宏仁及其母,备菜二席,至新屋祭祖,其祀神已在十六日请主时也,旁晚晏诸工于堂,余同一清、益生、宏赉等饮于室,因连日辛苦,饮未几,大醉,其夕诸人俱去,宏赉宿焉。实十八日,甲辰也。是日亦大风,寒甚。二十日丙午,晴,元涛、宏仁至,同用午饭,命宏仁做缝顾姨母情被,午后至石作,未遇。廿五日辛亥,晴,又往,仍未遇,乃托仁昌转付而归。

十八日戊申,阴,微雨,是日上午因余至陈家塘祭励氏墓,受纲又去。

三月十三日癸卯,晴,三茂陪至,余不许归,其夕未用饭而寝。明日其母又陪至,始允。望日乙巳,晴,命拈香烛参祖,自后改过,始令读书。五月庚申朔,晴,因受纲未肯用心读书,不用饭而睡。次日,昼晴,午后疏雨,夜甚,因胸腕作痛,始用粉团浅碗,夜食汤饭。三日壬辰,晴,午前后有雨,夜始用饭。十九日戊申,晴,午有疏雨,早饭后受纲又去,其日即拈姚广孝三才数,得"丑未宫地人地",云:"春溪一曲,春水一篙。入淮入海,总是波涛。"其夕不寝寐,至夜分后始倦。次日己酉,晴,午后阴雨,作郡庙求终身签疏文。次日,因雨未去,又改作。二十二日辛亥,晴,有疏雨,午后,雷,黎明,诣郡庙通疏求签,首问终身,详后。次问受纲终身,得第七签,中平,诗云:"大煞都天射内庭,连绵笑患未曾停。速宜迁改为长策,暗里偷修避祸星。""祸福本无门,悉由人自造。长存宽厚心,安宅可常保。"解曰:"迁善吉,守旧凶。病宜祷,婚莫从。能作善,免刑冲。"归后又作《本庙求终身疏》。次日壬子,晴,黎明,往祷诗亦详后。是夕睡醒,作《祷关帝疏》文。二十四日癸丑,晴,誊正。明日,甲寅,晴,诣日湖关帝殿求签,首问终身,详后。次问受纲终身,得第十签,"地山谦"金正月卦,云:"炉鼎丹砂非己物,服之侥幸得安痊。此时未可夸全效,明日愁来又似前。"注曰:"秀而不实,徒劳心力。不宜妄动,事见变易。此卦侥幸,得痊之象。凡事不可成就。汉和帝时,刘晨、阮肇炉鼎丹砂,炼不能成,晨、肇径往天台采异草,失道,食尽,见桃而食之,因随流水而出一大溪,溪边二女姿容美貌,邀二人入家中交合。半载,晨、肇思归,二女送出洞口,大路而行,并无一人,相识归家,访问众曰:'上祖入山采药,传闻已经七代矣。'此签侥幸服药之象。"三十日己未,晴,得宏仁书云:"受纲于廿二日至余杭。"六月二十二日辛巳,晴,有雨丝,又得宏仁书云:"受纲于本月十二日辛未,进城内胡长顺磨坊,来取被帐及衣服。"二十三日壬午,晴,有微雨,托茂生转寄。八月五日,癸亥,晴,得受纲书云:"铺盖于前月廿二日收到。长顺生意于廿四日已覆。"六日甲子,晴,至黄锦标占终身,得"夬之泰",至日新家得受纲命,批云:"十二月辛丑,恐有讼事。"十八日丙子,晴,午前微雨,得受纲失票信。明日丁丑,晴,宏仁来说,受纲昨于茶坊遇见,在吾寓过夜,告以不可再归而去。夜,宏仁以日新字来,为受纲也,再三请,始许其归,受纲反以无颜相见,不肯归。廿五日癸未,辰雨后晴,夜,宏仁又为受纲来。甲申,晴,午后及夜雨,晚,日新陪受纲至宿焉。谈至四鼓而睡,将往外谋生也。乙酉,阴,午后雨,同日新入城,以出外事诣郡庙求签,不吉而止。九月九日,丙申,阴雨,午后晴,受纲复读书。十一月三日己丑,晴,赴县学填册,以明日姚慎庵邑尊县试,命往试以诱进之也。至士颖家同其子侄等同往。辛卯,晴,归家。廿八日,甲寅,晴,得受纲寄苏州杜莲芳信,以命批将犯讼事,反覆谕之。十二月五日庚辛,阴,为先集等事未了,已阅一年,蒙其许允,不得已于午后赴徐。至七日壬戌,晴,受纲又将衣服典钱,桂儿以余九日将往顾姓,必用袍套,惧吾打死也,逃命,随之。邻女李小桂宿于余家,以继母之不慈也,畜恨有年,亦顾同往,遂于是夕趁船赴宁海。八月癸亥,晴,在徐,早饭后,仁富来告余,即归。命彼至甬问下江航船,探听后知其入宁海也。即买脚舟赴南渡,至巳上灯时矣,得信云:"上午从此唤驳船,至大桥约午后,可以起程。今夕当宿方门,极远不过西店而止。"众人至者,或云代追,或云同往,俱想因此索重谢,雇轿价亦甚贵。余思此刻,起行至方门已半夜,饭店不纳,无处报宿,一可虑;万一在内闻余声,而与店主说通,匿而不出,必以虚言诳余。待余远去,彼必令店主就近觅寓,必致货物分散,踪迹隐灭,二可虑。且轿由大桥过塘行,雇必有所至处所,宁海虽远,一日尽可赶到。不若明早至彼,查明确信而后往为妥,思定。是夕宿于饭铺,夜半,小桂之兄阿海及仁富等四人,至东西投宿饭铺,俱不纳。余闻仁富声,命店主启户纳之,彼欲同往,疑余不获人,或不返也。余曰:"同去尽可,但盘川止可自用,能行则从,倘半路不能行,吾急欲追获,不能兼顾也。"后拟仁富从余去,其人张姓者,实阿海继母弟船匠也,其凶狠。余思仁富属吾家祠人,恐其生疑,曰:"姓张人或能行,可代仁富往,若虑吾不归,入台入省往寻,即汝等同往,将如吾何,吾敢一人至此者,以路止一条,可必获而无疑也。汝实多虑,后窃私议,准以仁富从余。明日甲子,未明用饭,带仁富至大桥询实,始乘舆入内,旁晚离宁海城二十里许,白龙头饭铺遇焉。受纲早于湖溪获之,是离所至下张地方,仅十余里,胡为中止。盖舆人本此地居民,将于是夜拷打得其实迹,均分货物,并藏匿其人,或报知而索重酬,或迁延而售重值耳。其夕土人二三十人,争集哄然大哗,或欲送官,或欲吊打,余曰:"欲吊打其人,在此。若欲送官,吾即同尔等去,任凭尔意言。"后余即同小桂等卧于内室,受纲同仁富别卧一室,彼见吾不理,私吓受纲,或作恶,或做好,将衣服取去,是夜雪,及明未止。早起召舆人谕之曰:"汝可传言彼二乘舆人,今日能去,舆金至埠付给,可也。衣服令彼来还,若要些少酒钱,吾给与三四百钱,不然,恐徒多事无益。"后以棉衣来问皮挂,云:"抵酒钱矣。"下午始得之,舆人以要钱安家为说,乃命仁富入城,召傅荣至一切付给宿于寓,是日犹雪,已定议,明日若复下雪,迁寓他所。及明雪霁,已刻始行。傅荣送至里许而别,是夜宿于西店。次夕午后,至大桥,用驳船至南渡,水浅舟止,重换船而后至,时已二鼓,下舟而睡,到家日出时矣。是十三日,戊辰也,大寒,阴,下午飞雪,小桂之从也,实属本意。时方亥初,人未尽睡,家在对房,若非愿往,何能逼使同行乎?已得其详,及初九日遇时,询之果然,且云:"吾不愿归家。"余曰:"吾固知之,今至吾家,愿否?"曰:"愿诱之同归。"至则恐伊父因母言伤命,且已有不要他之说,遂止吾家。其父来,亦不召之,设未及半,即托故辞去。盖彼于吾入宁海时,已召地保及各匪类商,将以女索取重直,时伊亲如三,余族侄孙也。其夕,同至南渡者来舍告余,余曰:"吾知之,看彼若何。"吾所以不先生事者,特以受纲不往,小桂虽逃,亦从他人耳。

今既有干涉，若复先将受纲送官，未免牵连小桂。有污名节，欲命小桂即归，又恐绝命，故暂为留之，以听彼之定夺。如三曰："彼有牲礼，愿若代还之。吾有说可与理直，其余费可不管也。"余曰："此事却易，但必先领去。吾从汝。"及与说，未允。至晚，谓如三曰："小桂既归，今夕复在吾家，于理有碍，汝可往问。"以不容归家来覆。次日己巳，阴，如三来，又以《莲经》五部、小费洋钱六圆为说，余思所云："小费及⊠不过八圆，不难得也。吾若不从，小桂虽一时误，见年已十五，不可谓无知，一起讼端，污及终身，一也；其父今年失业，索负盈门，又值岁莫，日出晚归，正无法谋生，或因此思，既已污名，又复伤财，万一自尽，二也；其或恨上加恨，重怒其子而逼使自尽，或一时性起，误中要害，致伤性命，三也；人命事重，钱财事轻，其一出此，皆吾孽也，虽悔奚及！即许之，后又欲余写据，否则以小桂归汝。"余曰："若说立据，断断不能至。小桂归我，此却不妨，但彼要立据与我则可。后又变一说，使受纲具名若何？"曰："亦不能。使宁海被他寻获，凭他打骂，凭他立据，吾无后言，今已在家私立之，是无父也。且彼要此据何用，吾居此五年，受纲亦未曾过彼家讲谈，人所共见。况事一直，吾亦不使再在家中，亦复何虑。吾所以忍而出者，为彼，非为受纲也，令彼思之。欲直则直，若至十七日，吾将送官矣。"十五日庚午，雪积二寸许，夜雨，彼知吾意，已定旁晚，始直其夕，如三同阿海等领去，即送入城，至亲家避之。十八日癸酉，日新先一夕至，夜定谋，命受纲赴申江，生死任其命运。日新有亲陈顺纪，在棋盘街蔬菜行为业，发书与之往报，至黎明用饭。同行因雪深五寸余，路途行走甚艰，至府厂西栅暂止。问知绍根等以应王维炬、黄国藩包造运粮，轮船八只，岁莫先造二只。鄞工小毛头为工师召，彼亦将赴申，往询之，果然托之同行。日新曾主府厂事，绍根固其旧工也，亦知受纲是伊甥，问曰："将往何店？"曰："业尚未定。"告以投靠详细。曰："若此，不如至吾船厂，小毛头尚无帐房,先生,备信一函,替他登记帐目,当必允从,若何?"日新从其言,手书与之,约以二十日可去。日新旁晚至家,喜不自胜,告我以详。余思初赴申江,轮船上落得人扶持,一便;至彼即有安身处,不待零觅生业,二便;且其性喜事,不能安坐,人多说多,可以作伴,三便;日后船成,其能改过,得运粮船一缺,可暂为生路,四便。余遭此一难,彼得此四便,或者受纲为人已共知其不肖,无提挈之者,使彼独往,吾必不追。即归,亦必不使彼赴申。今而适逢是会也,天其启之于异地,成其终身,未可知也。甲戌、乙亥雪,无轮船,未往。二十一日丙子,阴,夜雨兼霰。午后,日新陪上轮船而归《莲经》,明年三月十日还。二月辛酉朔,晴,春分,宝甸以像主来求书讳氏,余展轴视之,见其位次紊乱,以兄弟作父子,且不补本生祖父母绝嗣主,令以此轴转售,零裱一轴,始可书以传后。有诗纪其事。

是日,命庙祝分催颂知单。

八日戊辰,晴,赴正学祠助祭,至者沈大源菉夫、沈成枢,成庄镇人也;沈惟英仁葆、舒宏勋,桂林汝益奉人;吾宗慈□□,月湖澍芝孙、灏炳珊、镇建瀛、竹垞、诰筱堂、和山卫淇,吾族宗长丕烈、朝璙、纲锋,余及同伴之纲鉴。是日,席间舒氏有欲余支于西首余地,再造小屋三间,然后将东首小屋归公,而四间之中,仍留内一大间,以为己用之议商于余者。余意以为屋愈多,则事亦愈多。吾族与杨沈可无虑,惟奉人以此为荣,他日招致族人及乡亲,或于此设帐,或作考寓,曰:"此吾祖祠余屋也,禁之不可,不禁不得,反将中堂秽亵,前车之鉴也。是必不可议。"始止。

十二日壬申,晴,丁学宪绍周辰刻入城。次日癸酉,晴,谒圣。十四日甲戌,晴,生经古"圆神方智赋以'著圆而神卦方以智'为韵","程表朱里诗得□字"。十五日乙亥,有微雨,岁奉镇象定生奉不知其仁,镇象定不知其仁也挨次分。经题"明明扬侧陋",诗题"挂席拾海月"得帆字,俱通场。十六日丙子,晴,童经古"季氏介其鸡"赋,以题为韵。十七日丁丑,午见日,前后雨并雹霁。是日,岁府、鄞慈府可与共学,鄞可与适道,慈可与立经,题"脂胶丹漆",诗题"竹柏得其真得真字"。十九日己卯,晴,考慈、象、定童。廿二日壬午,晴,考奉、镇童,题俱详日记。廿四日甲申,晴,夜雨,考鄞童,首题"夫谓非其有而取之者,盗也";次题"恶莠",诗题"恬笔伦纸得佳字"。廿六日丙戌,晴,午后大风,阴有雨丝,是夕出案,得四十三名。

十五日乙亥,晴,早晚微雨,是日春祭,诣祠拜祖,宗长以余正月四日给发伊从侄丕赓升署中军守备报钱事詈余。盖其日丕斌不知支发,召余,余以定例给吹手等各礼钱,意似嫌轻,出外有言而去。至六日,宗长至祠,余曾面禀,且云:"此鼓亭吹手不妨至是以为丕赓。"据吹手云:"谁叫你来,我岂黜族者。"且云:"本祠存钱,岂若是无乎?"余乃执前日曾面禀,及本祠费用所从出,直言攻之,始止。

十九日己卯,晴,至镇邑韵轩寓,同至陈子家,送其兄赓薰事迹,求作诗序,其后催取不一次。至十二月,发书与其弟筱堂,令自取之。

二十日庚辰,晴,有覆袁家山祖墓被张润滋恳削事。时乾纲来告,余曰:"此案非讼不直,其案余俱存好,若等兄弟有力不肯用,告余何益。"

三月三日癸巳,未明,时大雷雨,日中晴,申后阴,午后,至徐子家,言及受纲事,又劝余纳妾,且云:"其钱与吾相商可也。"事虽未成,其意亦良厚矣。归即以此事拈姚广孝三才数,得"丑未宫人人人",诗云:"碧海漾清流,烟波下钓舟。一只金背鲤,泼刺上船头。"十一日辛丑,晴,下午雨,因昨日新来说蔡姓养女又占三才数,得"卯酉宫天人人",诗云:"成而不亏,盈而不损。四海之内,声名有本。"又占子息,得"寅申宫天地地",诗云:"疑是疑非,心不归一。纵步在前,无咎有益。"及受纲事起,询之已出。

十二月，丁丑，阴，上午有细冰雹，往徐子家，又劝纳妾，言如前。

四日甲午，雨后止，夜半甚，又雷，族侄申江崇泰当纲宪、庆和银楼纲鈫来。

七日丁酉，寒雨并雷，值延龄会。是年，改祭筵及享馐，统照旧式。盖前因物贵从省后屡言之，皆爱财未复，故吾复之。

十六日丙午，未明，时雷雨，巳刻后始晴，大风，抚宪杨昌浚来鄞。十九日己酉，晴，酉初，大雷雨，抚宪看操。次日庚戌，晴，归省驻郡五日。

十七日丁未，子时雷雨，后霁，未后又雷雨。是日立夏，得会试，主考单总裁朱凤标早保、毛昶熙常恩，余详日记。廿二日壬子，晴，申刻雨并雷，得题"有子曰：信近于义"一章，"人一能之"五句，"天下之善士"二句，"移花便得莺"诗。

廿一日辛亥，晴，托三茂甥黄岩县及台郡取衣，其黄岩票云未便。明日使母来还台郡票。至十月五日壬戌，晴，复以衣票还。五月七日丙申，晴，酉刻，雨，织云侄来托取黄岩衣。至岁终未到。十月二十日丁丑，晴，朝芬来托取台郡衣，召之也。十二月壬申，阴，取到。二十七日壬午，雨，领归。十一月二十日丙子，晴，代宏仁发书，取余杭床帐及衣。至十二月二十七日，亦取到，皆受纲当也。其已失票及当于本郡者不书。

廿四日甲辰，大雨且寒，天变也。

廿八日戊午，阴，大风。是日，注《历代国号》《世统》二歌。至四月四日癸亥，风雨，注至五代，因乏史止。

二月三日，间有将典所居张大宝所典宋姓屋事，是屋本族人朝圭典出也，原契详日记。将成，因族人丕烈允而后变。至四月九日戊辰，晴，覆焉。四月庚申朔，晴，申刻至徐子家，酌商书御诗式，因雨即归。十月己巳，晴，至蒋菽卿子蕃馆，托伊恳陈赤珊守法书之，又往袁尊斋家恳西席郑荷亭世洽。至范子家，托李冕卿云藻，陈子家托其子其章达樊，皆为书御诗也。催取各非一次，后荷亭未书，冕卿、其章书而未用。

十六日乙巳，晴，又至赤珊馆改讹字。

五月十五日甲辰，未刻有雷，织云未为朝颐生业召之也。六月三日壬戌，晴，朝颐为生业及秋祭事来。廿三日壬午，晴，微雨，又为秋祭事来，彼以今年久旱，谷必无收，将以祀归他人当办。余召乾纲商，已允代为收租等，及可赊物，替他赊之其亦可矣。孰知彼听乾元房侄等言，将讨吾前欠，又难出口，对余曰："必代吾纠集十人，每人二千，合钱二十千，可救吾急。不然，即有成业，亦不能为生。"余曰："凡借钱必与汝相知始可，何人可借，汝明告我，与汝成之。若族人可贷者，汝婚事已有矣，必不可再。"彼默然，既而曰："汝所相知，吾何能知。"余曰："吾所知者，若可借，吾早借矣，且必不肯借钱与汝。"彼乃大言曰："若此吾秋祭不当矣。"余曰："不当，与吾何涉。"且曰："吾将作贼矣，汝当有累。"余曰："凡大族多有匪类，岂无作贼者，未闻有累从兄者。虽作盗，吾不与闻，谁沮你不作者。"彼愤然而去。廿五日甲申，大风有雨，午后晴，织云来亦为彼生业也。廿八日丁亥，晴，朝颐又早至，巳末始去。七月二日庚寅，晴，辰来，在吾家卧食一日，明早去。廿二日庚戌，晴，申刻疏雨，早饭后又来在家，坐食，夜宿正纲家。廿三日辛亥，又至，夜宿余家，此次又变一说，曰："不归吾钱，吾只得往上海，妻及祖堂共交。"余曰："如有此礼，却也不妨任汝为之。"遂拍案大骂，余见其凶悖，忍而不应，坐食。至二十五日癸丑，大雨，未后止。申末始去。八月三日辛酉，晴，又来坐食，至晚与言曰："会是必不可纠，若为老帐，汝有嫂在，亦当知之。"彼即大言曰："此吾事，他日若死，并不要汝抈落村，与汝何干？"悖乱至此，知不可言，任伊辱骂。至夜，召用饭，云："终要饿死，不如先饿死罢。"召之寝，云："有福者可睡，吾无福。"今夕长坐，至夜半，煮茶泡饭，盛二碗食之。焚膏达旦，瓶油为罄。明日壬戌，晴，召用早饭，又不食。待饭后，自入厨食两碗，复大骂而去。卧在正纲家，申刻又至。用饭之后又召之睡，曰："今夕当同坐。"余曰："吾日中要训蒙，不可不寝，汝日间尚可睡。"余方就枕，彼即以小方木椅投余床，桂女在床边足被伤，幸无大碍。余知不可寝，乃起。又以大方凳投，余将手一执，直出避之。命乾纲来劝，令至彼家，始归。五日癸亥，晴，早召乾纲问："伊果将若何？若为阜昌行欠，吾已说待重阳金黎光归，与他理清。吾为先人忍而不言，若复如此横行，吾亦不能忍矣。"乾纲曰："彼非为前欠也。"曰："吾亦知之。彼盖以去年婚事代他措办多金，后亦屡有接济。今复取二十千，度过今年后再有急，再来逼取。不言前欠，而坐享厚息，是有尽之钱变作无穷之利也。彼计得矣，吾之被累，何日已乎？"乾纲亦知理屈，劝彼去。九日丁卯，阴，上午有雨，又来召族人丕木约之，彼曰："黎光在家，下午往，未遇，嘱以明日待我。及至，云已往馆。"十一日己巳，雨，大风，申后又至，饭后至乾纲家宿。明日庚午，风雨，早又至，食于余家，夜至正纲家宿。辛未，雨，午后阴，大风。又早来，饭后又拍案大骂，不得已乃同出甬，将赴黎光馆，因水大，船阻不得往，又至。壬申，雨，骂甚，往止之。扭发相殴，邻妇共至，始解。余见势恶，其夕出避。十五日癸酉，阴，夜雨，早至丕烈处说知其事，以为彼既穷凶极恶，理直为是。召鲁泉与商，鲁泉云："据吾见过，的是叔父手笔，其意约非五十千不可直。"丕烈乃使鲁泉来与说定，以四十千之数往说，未直。甲戌，雨，令劝彼至乾纲家，始归家祀祖。桂女胆怯，午后令往周港岸避之。晚又至，适宏仁在，入厨又见。桂女不在，知将与讼矣，乃复去正纲家宿。乙亥，阴，正纲来为作说客曰："事可直矣。"先是，十四日壬申，使其子召之，彼自知不是，避不一至，昨夕彼告知如此，始来劝余，余曰："吾即去，覆鲁泉矣。"余出，彼即知，朝颐及余至。他已先在，余谓鲁泉曰："吾将具呈邑尊矣。"吾非求胜，四十年前，欠以吾境地，即当堂立限，按年拔付邑尊，当无不允。俟余出，鲁泉即付洋五元，约以五日清帐。盖已知正纲等唆使，一起讼未免牵连，故强使余直也。及余知，已无可奈何。廿三日辛巳，雨又至，约以月终出甬。丙戌，晴，早饭后至鲁泉处，据云："统要现。"余执不从，又缓二日。九月二日己丑，雨，至鲁泉家始直，现付三十千，其二十千作壬申、癸酉二年分。四月、九月按次付清。立据四纸交鲁泉，先父据亦自鲁泉处收归。盖是事之起，由正、允二纲因去年朝颈婚事，劝伊多借助，不允。余因说其先人之事宜帮等语。虽当广众之交，一时允从，怀恨已甚。及德纲屋事，正纲又甚恨余，乾纲又以秋祭事恐赔钱无着，故群唆之。彼因有助，故胆敢如此。

六月庚申，朔，晴，有虹如月，桥两头长垂。士颖来说绿野事，已与陈鱼门商，将恳徐子书墓案略节，并妨护录送府，求其究办。余答以事必不成。廿六日，徐子家晤鱼门说及此事，云："本府已令老师传史悠诫矣。"予决其不来，后果托疾不至，亦不复传。七月癸卯，晴，祠中士颖又说将使绅士具呈等事。明日，甲辰未刻，雨后晴，又寄书与彼，令伊细思，雨后来家，曾与详说，卒未能办。

四日癸亥，晴，赴以燕召，为盐场尹菊轩珏等将以城濠营田为书院费，与武弁多事，却之不得，乃同至鱼门家，幸未遇，即归。后托疾不赴。十月十七日甲戌，晴，又赴召为伊亲忻氏兄弟讼，八十年来继案也，覆之而归。

十日己巳，风雨，午后雨止，风紧，一清送自得河鱼来评，余及受纲命而去。

七月廿三日辛亥，晴，明日先蔡孺人生辰，将添注新主葬地，晚悬像于楼上，并请主设供，亥刻，用红笔添注，注云："仙隐山穴，至期启视，稍湿。"其年十二月，卜葬于沿江村鲤鱼漕之原土名胡家笆，下共三十二字，分左右着边书之。寅刻，供果茶，卯刻，献面，辰初奉主安位。早辰李三茂母使人送茶及冥封至，余以邻族皆未知也，告以无事覆之。及饭后乾纲来，上楼觇之，始各以茶来李姓事，余甚悔之。盖余初意以先君丁卯年生日，余适在省，未能献杯茶。己巳，先周孺人生日，亦不悬像于堂第，献果茶祀之。故今第悬像楼上设供祭之而已，又值朝颐生事时也。

廿八日丙辰，晴，午后有雷，后大雨，莘桥宗人万枢、生泉、彦伦来，将择日补立先正献公主，余劝以当补文六公以下七代，详开官衔，讳氏与之，用酒点后，诣祠谒祖而去。十一月廿一日丁未，晴，同仁富至顾送情被。是日，姨母大敛也，因欲往莘桥，即至江东刘艺兰家，送伊母入殓，饭后买舟往。至己酉初，即书揆公以下七代神位。明日戊申，晴，三鼓起，为赞礼。午饭后，欲归，再三留之，看剧至二鼓，寝二夕，皆宿于彦伦家。廿三日己酉，晴，犹欲留余。饭后，即往莘桥，命仁富从万枢、万昌、生泉、彦伦等皆至，再三言始得买舟归。

七月廿九日丁巳，晴，午后大雨，往徐阆笙天朗家祭拜，王厚斋先生诞辰，即深宁会也。

八月十日戊辰，晴，诣正学祠助祭，至者杨氏学渐、鸿逵、振北，沈氏瑞即仁葆，舒氏绍毫、达三、桂林，吾宗慈宇春周煦、镇建瀛、竹垞，本支宗长、丕烈、朝坈，余与朝逵、纲锡也。

廿八日丙戌，晴，芷津来评余命。

九月廿五日壬子，晴，宗长来，为丕炯于十月二日乙未在洪碶浦造墓，欲借用祠宇以情愿祭祖来告。及二日晴，午后，大风雨，夜大寒，午前至祠，宗长来邀赴席。

十月四日辛酉，晴，霜白如雪，厚寸许，士颖为说竹江欲揩祠中状元进士扁来。次日壬戌，监工往摹。

十五日壬申，晴，黎明同受纲至鲤鱼漕省墓，为仲小宝在墓地种豆及菜也，戒勿复种，并嘱其将老坟地填足，及墓前田可买来说等事而归。

自十八日乙亥，晴。至二十二日己卯，晴，抄《絜斋集》遗文及校勘。二十五日壬午，雨。至廿八日乙酉，晴，抄《从祀文庙颂》。

十一月十一日丁酉,冬至,晴,大暖。午饭于祠。

廿九日乙卯,晦阴,徐三成同乡人为淋坟事来问价,云七千。告以今岁年向不利,俟新正可动工而去。

十二月五日庚申,阴,午后买舟赴徐子家,为先集及从祀录未了工。徐子今年多病,已约一年,蒙允许,不得已去。

二十二日丁丑,阴,至日新家,同往马眼漕之东看屋,因伊亲沈氏妇居此也。廿五日庚辰,晴,又往将说合矣。及二十七日壬午,微雨,诣郡问神,得四十三签,下下,诗云:"由来起祸在阴人,巧语谗言未有真。劝汝从今休听信,牝鸡家索为司晨。"又云:"木中本有火,火发能烧木。木尽火无光,两般何处宿。"解曰:"婚不吉,讼有灾。病成弱,阴人来。占同伴,早离开。"予定此屋,本嫌其价过重,因欲依沈氏妇,故从之。既思其人多变,诈伪而不实,始求神决之,祷时亦详诉其事,神果明示以不可,遂至日新家覆焉。先一夕已召一清问之,而告将同往看门户及灶,至是一清至日新家,亦以神签不吉覆之。

是年因受纲事,未酬神、未祀祖,一切年规俱未办,第付店帐而已。

纪病:自去年十一月十日、十一日,由仲夏立而监工搬料,及归,右膝即痛,时痛时止,未愈。

至正月十六、十七日,降至足面,行步为艰,若结血然,按之微痛。至二十二日壬子,未明时雷雨,一清诊之,以为当服活血气药。时十六日,齿痛,起服药,未愈故未服。至廿九日己未,晴,痛且肿,始赴市售黄栀麦粉熟而敷之,越宿稍愈。晦日,又敷之,始愈,齿痛,药。至二十五日乙卯,阴,寒止。四月十五日甲戌,雨甚,睡至亥初,腹大痛,身出冷汗。即召剃头司挑痧,稍宽,逾刻尤甚。儿辈以为祟也,呼族母来,用米按之即许。外祀,至天明未瘥。十六日乙亥,晴,腹痛一日,始知是气胀也。盖是时,国耀数赖学,其父常押至,而母溺爱甚,反纵之。及其父大怒,始惧。而同来多次,纷扰气郁不舒。家泉昨又加气,故于夜睡时乘寒气带,胸腕作痛,非痧与,非邪也。十七日丙子,晴,服散气药,始愈。自七月十六日,晴,未刻雨,腹泻。至二十四日壬子,晴,后雨,泻甚,一日至二十余次,身发寒热。廿六日甲辰,午有疏雨,始稍愈。九月廿四日辛亥,晴,齿痛。至十月七日甲子,身发寒热且肿,于外服补剂未愈。夜,鼻目间觉火气冲塞,睡至夜半而泄。丙寅,晴,服自制方,肿退而痛稍愈。十日丁卯,晴,服方。下午觉身潮寒热,多小便,越宿愈。十月十六日癸酉,晴,至十九日丙子,晴,多大便,夜半尝起一次。

纪梦:四月十日己巳,晴,夜梦挖青竹枝,余挖四支,受纲亦挖四支,桂女亦在后,有挖与否,看不分明,后并所挖与之而醒。五月五日甲午,晴,午后微雨。夜梦振堂以面席十枚、八卷、二馒头与余,以此面席铺子睡枕之前,以八卷方排,二馒头放其上而醒。十五日甲辰,晴,未刻雷,夜梦至回廊小便,并出大便,用粗纸拭之,愈拭而愈出。后用酒饭,鲁泉与余坐于次席,与者俱未见。用毕,余至上席,以箸挟肉骨二条,大伯夺之,余曰:“汝欲之,余何言”遂复。挟二条食之,时未知其兆及朝颐事作,皆乾元房侄等唆使,而鲁泉平之,其梦始验。先是,九日戊戌,晴,夜梦若家有事,男女纷集,厨司客菜不及,余入内邀日新相帮。至十八日丁未,晴,梦乘舆入城,约在三支衕地方,后随女伴及小女使,又若励氏妹、李英千妻及其女皆从之,忽然而醒。六月三日壬戌,晴,梦至山上文昌阁,正纲有学子四人,请余训之。余令人负书箱赴之,不礼焉。将归,令人负箱,底脱,书狼藉在地,令正纲以他箱装之。忽遁去,后见伟介曰:“彼不可依。”以身贻余身而行,若无一丝挂体者,彼入室,余亦醒。醒而思之,书籍狼藉,无传人征也。而由正纲至此家验之证也夫。六月十五日,晴,梦至一处有石桥一带,狭而长,不知何自而至。彼岸虽非险峻,泥滑不可上,遂手攀树枝,枝不甚长,钩连相接,身若乘竹兜子而过。至石桥，有人俟我而醒。九月十五日壬寅，雨，梦族人丕烈于衣袋内取出铜盒捡帐，不知交谁，后于余身下头靠短凳，股靠长凳，中凌空而卧。廿八日乙卯，晴，梦与新妇拜于堂，入房后自以"年长，恐有负于汝"等言慰之，特未见其面，奇哉，一笑。十月戊午，朔，晴，睡至黎明，忽梦右门齿分而为二，上下不齐，一高一低，乃以手抉而出之，形如乙而曲，即递交受纲，藏于日用镜箱中。是岂当与受纲各立门户，不能复合之兆耶？廿七日甲申，雨，黎明梦与受纲同下乡，半路上岸大便，坑后有大庙宇一座，极高大。余便出，复有人来，始拭而起。出见周大宝，以己后当侄做人戒之，言毕，遂由破屋而出。此破财之兆也。

五月廿二日辛亥，诣郡庙问终身，得六十六签，上上，诗云："食录东南早自求，公私内外总无忧。天生贵子书香远，羡尔恩荣在后头。""碧波映日芰荷开，游子乘舟泛酒杯。最是湖心寻不到，好花似欲待君来。"解曰："利与名，终必得。婚宜求，讼有力。占坟茔，荫子息。"

同月廿三日壬子，诣本庙问终身，首得十二签，中平，诗云："张罗掩兔兔潜逃，雉本无心反去遭。正士从求多遇难，把持大义要坚牢。""登山逢猛虎，涉水遇狞龙。留得丹心在，孤忠表墓封。"解曰："讼多凶，祸难躲。病染来，婚未可。守正心，牢把柁。"又问得第五签，诗云："独坐深斋薰内香，寸心修德永无殃。何须口念千声佛，放下全身是道场。""谋望且心宽，时来如转丸。举头看皎月，渐渐出云端。"解曰："病且养，灾自平。名利晚，产无惊。事莫急，终有成。"

同月二十五日甲寅，诣日湖关帝殿问终身，得第八签"火泽睽"金七月卦，诗云："歌舞欢娱是祸胎，塞翁失马又回来。劝君动用休狂妄，缘木求鱼无后灾。"注曰："事多阻隔，切莫妄求。固守勿躁，终则无忧。此卦守分待时之象，凡事缓图无咎。周战国孟子答齐宣王之言曰：'然则大王欲取天下，今可知矣。朝秦楚，莅中国,而抚四夷也。以若所为,求若所欲,犹缘木而求鱼也。缘木求鱼,虽不得鱼,无后灾。'《淮南子》曰:'塞翁失马,走入胡地,人吊之。父曰:失之未为忧。已经数月,引群马而归,人贺之,父曰:得之未为喜。其子骑之坠马,折髀,人复吊之,父曰:此岂不为福乎?'此签前凶后吉之象。"

六月十日己巳,戴一清评余命:

乙酉　　戊子　　己酉　　癸酉

九岁零三起运,丁亥、丙戌、乙酉、甲申、癸未、壬午、辛巳,自甲以前,此已往运,吾皆知之,不必言矣。见行申运之中,嫌其泄气,尚未佳。至癸、未、壬、午四运,此二十年,正值南方火位。金得生气,癸壬属水,又是财运,佳不可言,大寿在辛。

又评受纲命:

己酉　　癸酉　　辛巳　　戊戌

八岁零三起运,壬申、辛未、庚午、己巳、戊辰、丁卯、丙寅,查运壬申辛十五年,大败辛运,幸身旺不至伤命,今已将交未运矣。未属木库,尚未佳,庚午十年,亦不能如意。己巳、戊辰、丁卯、丙寅四十年,其运甚佳,寿亦延长,子断一实,本身太阳生命。

八月六日甲子,至黄锦标术士占终身,得"夬之泰"。

断云:子孙持世,百事无忧。初爻居宅,不吉。二爻妻,宜亡过十年,嫡子亦难留,如今尚在,必多颠倒异常,过廿五岁可稍定;宜再纳妾,尚有二子可断。三爻兄弟,当有四人,今惟存君一人而已。四爻财气,过而不留,不得存积,至十年后,稍可蓄聚。五爻本身,月建当令,逢凶化吉,寿源七十有余,志气刚强,尚当创一番大业,不必心虚;但功名不利,若壬申、癸酉二年不中,可不必再赴矣,后当有异路际遇。六爻坟墓,地实可做,胡为浮而不实,余对以去年初葬,答曰是矣!地必三年而后实,此地甚吉,子孙亦旺才丁,科可决,不必疑矣。

同月廿七日乙酉诣郡庙,问出外,得百十七签,诗云:"一念行凶众鬼随,忽然省悟诸神护。天堂地狱片时分,自性还须汝自度。""云去见山青,云来山又白。白云有去来,青山无变易。"解曰:"讼宜息,病求神。婚勿定,孕非真。占谋利,勿托人。"

同月廿八日丙戌,芷津评余命。

是年,余大不利。正月朔,误伤碗盖。六日,本祠收像议像祀事,与族人丕木论,不合。十六日,正纲以去年所许从学事食言,三四月家骏即赖学,其弟及国耀俱仿之,屡加闲气。七八月朝颐以前阜昌行欠坐索,屡次诸般辱骂,不可言状。十二月七日,其夕受纲又同邻女李小桂入宁海,几致兴讼,幸即追获,但多费用。除夕已睡,泉利来取靴,又起付之。至正月五月,受纲二次出走,第伤财耳。与励姓安葬,既伤财劳力,又受泥工闲气,犹不与焉。自元旦至除夕,一年不利,岂命实为之不可违也,何遇之穷也,如是。

十一年(1872),壬申,年四十八岁。

五月初九日壬辰,晴,膺局召,入局修志。至十八日辛丑阴有微雨。因疮归家。八月癸亥朔,晴,赴局。至十二月十八日戊辰早雪,后雨归家。同局友陈振孙、周可表、董觉轩、刘艺兰。是数月中,纂冢墓稿成,纂古迹稿,至明而止。养疮时在家纂选举稿成,未入局前。三月二十七日辛亥,晴,起,屡至抱经楼阅书,或宿或归。至五月甲申朔,微雨,始毕,得束洋七十元,谢款洋五元。

正月丙戌朔,冻云四合,终日阴寒,夜雪。二日丁亥,阴,夜有积雪。三日戊子,辰见日光,复阴,夜雨。三日未出门,在家录年谱。

四日己丑,雨,摘励甥家安葬帐。

五日庚寅,晴,作弟妇李氏《祔葬记》《壬戌罹难记》《一生厄运记》《励氏合葬记》。

六日辛卯,晴,夜大风,午前祀祖。是年,未贺年。

七日壬辰,晴,辰刻有雪花,大风寒,午后息。黎明入城诣郡庙问出外谋生事,又问桂女许字魏姓事签,俱详后。后仿此。是日,往小尚书桥剃头,见店壁悬莲北陈鱼赠先君迁居楹帖。十三日戊戌,☐董治雪香单款山水二轴易之,梯滑几损足,得后于二月廿六日庚辰跋之。

八日癸巳,晴,午后大风,录已前所作《文赋》。至二月三日,丁巳,晴,止。

十九日甲辰,晴,至黄锦标处算命,至东槎家占课,得"鼎之泰",下午又与日新至史鸿章问命。

二十一日丙午,晴,午后疏雨,一清来召,评桂女命也。

二十二日丁未,雨,黎明入城至唐久香处占先墓课,候久未起,乃至吴文彬处之得"屯之复",详后。

十三日戊戌,阴,夜雨,日新为娶妾事来召之也。廿二日丁未,雨,与日新同至道前倪买婆家约日。廿四日己酉,晴,辰有雪花、细雨及雹,至日湖关圣殿求神,得四十四签"泽水困"。廿七日壬子,晴,同日新至倪买婆家,同往千岁坊看王氏女,复至君子营看王姓张氏女,遂赴郡庙问神,首问王氏女,次问张氏女。又赴日湖关圣殿问神,次如郡庙张氏女,俱不吉签。不录王氏女,详后。廿八日癸酉,晴,至方春水占王氏女得"涣之讼",不吉。廿九日,至陈心葵刻字铺,问王氏女详细。二月乙卯朔,晴,又至,往心葵家复与日新至道前倪买婆。二日丙辰,雨,上午见日,至黄锦标占王氏女,得"雷火丰",不吉。至懋德家,同至小教场,托张买婆妾事。十三日丁卯,晴,上午雷,下午雷雨,夜亦然,同日新、懋德与张、竺二买婆往新街看余氏女,又至君子营看某姓女,俱未中。至沙泥街看李武弁仁沛家养女,复至华祠衕内看唐姓养女,有病容。当至沙泥街时,已大雨,懋德先去,余与日新及二买婆冒雨至唐,后至采莲桥,同日新买棹归。十四日戊辰,雨,午刻有日光,辰至黄锦标占李氏养女,得"睽之晋",断不吉。

十六日庚午,晴,又至秦维城占得"火山旅",断吉。下午至徐子家,出德昌洋票往惠康兑现,未遇,遇于家。十七日辛未,晴,大热,与日新同张、竺二买婆至李姓成券,计身价洋二百十四元,外费洋二十一元,即同女归,实定邑干氏女也,年十有八。二十二日丙子,晴,寅刻起祀神,巳刻祀祖,纳焉。二十六日己卯,晴,午后阴,评干氏命。二十八日壬午,阴,午后往黄锦标评干氏命。

二十四日己酉,由呇底赴日湖,眼镜落地,左破。

是月小,十一日丙申,雨水,晴,有风,下午阴。二十六日辛亥,晴,惊蛰。

二月乙卯朔,晴。四日戊午,晴,赴县学填科试册。六日庚申,晴,徐学宪进城。七日辛酉,晴,忌辰。八日壬戌,晴,行谒圣等事。是夕,宿于仁昌。九日癸亥,黎明赴古学,试题"六臣注《选》赋"以'六臣之中李善为最'为韵","赋得'以策数马'得恭字,五言八韵。"

拟张茂先《励志》诗。

《甬东怀古》七律四首。是日,申末出场,倦甚,又困于酒。仁昌晏起,不及进场,科试题"以其外之也至勿助长焉"。问历代农书,诗"草色有无春最好得春字。"

十日甲子,雨,时有雪花,午后为假山墓地事赴徐。因张润滋占余祖亭山公墓左地为祭拜坛,其墓前亦系余族祖之墓,前已加土塞,其前陈树珊,徐子老友也,为润滋姻家,特来恳徐子与余说,愿出售作公,以平讼事。十一日乙丑,召炳楚来,及其弟森南至,以其可继其后也,未遇。十二日丙申,炳楚复至告以故,同至同九,与炳楚往杜荣光占课。十四日戊辰,雨,午后至徐,召陈树珊与议未妥,顺至炳楚家,归。十五日己巳,雨,至炳楚家及树珊家。十九日癸酉,雨,下午阴寒,炳楚来谈,久去。廿四日戊寅,晴,往徐及炳楚家。三月二日丙戌,晴,至徐。四月七日庚申,阴,午后雨,炳楚来。十二日乙丑,晴,至鲁泉家及同九召炳楚。

十四日丁卯，雨，炳楚至，同往鲁泉家。十六日己巳，晴，炳楚又至。十七日庚午，晴，至赋南家及访纲松于东土，同至同九。十八日辛未，晴，又至东记。二十日癸酉，阴，炳楚来。晚，赋南至。至廿一日甲戌，晴，午后雨丝，至赋南家，命看鲁泉，至朝祥家，未遇。至鲁泉家，以朝城兄弟索赂未允，故即至彼说之，至鲁泉家约以明日再说。廿二日乙亥，晴，至朝祥家及鲁泉家。廿三日丙子，晴，至徐及树珊家各二次，鲁泉家一次。廿四日丁丑，晴，午后雨，至树珊家取议据稿。至鲁泉家。廿五日戊寅，雨，至炳楚家及徐与树珊家约明日立据。廿六日己卯，雨，炳楚来，同早饭。至鲁泉家，炳楚先去约其兄弟，后乾纲、允纲、赋南先后至。午后入城至东记，及森南并遇树珊家。鲁泉已至，召赋南及朝祥，使召景苏，再而至，朝祥与景苏皆索重赂未允，润滋又欲将拜坛下泥路作已，是日未直。

　　盖润滋所占祭拜坛地，系余祖亭山公墓左余地，右界接月房墓地，故鲁泉等与分。其前碛下系子衡公下三代祖墓，本已绝嗣，因炳楚兄弟宜继，朝祥其从堂叔也，宜画押，故并召也。是议徐子主之，祭拜坛已成，不必复议。润滋出钱一千六百贯，以九百贯作前墓迁葬费，以六百贯作思永祀及月房祀费，各得其半，以一贯作画押费，议以早妥，而首变议者朝城兄弟，次及景苏与朝祥，唆之变者实□纲、□纲兄弟也。以为余成此事，必有重谢，令伊等索赂，非有败也，而败由其召矣。当润滋为墓地与卢姓时，余独控呈邑主，再三劝正纲等协力，反覆推诿，因乏费中止，故有案而未了。今润滋愿出重费，同立议据，以墓旁余地作墓祭，公费与其白占于人，反璧无日，曷若从此可息讼保墓，两得便安乎？何等之乏人心，而为此蟊贼乎？噫！

　　十一日乙丑，晴，朝芬为租屋事来。十二日丙寅，晴，又至，代写租契。廿一日乙亥，晴，入屋。

　　十一日，至假山展视亭山公墓，见默斋公墓旁淋脚被张润滋恳削,而陆氏古墓"地与心灵"四字栏土并被掘倒。陆氏子孙之不振,与吾家弟侄之忘本,同为一叹。

廿二日丙子,晴,下午阴有风,带昭兮及桂女至鲤鱼漕,祭扫先大人墓,昭兮等因淘河路阻未上。

廿四日戊寅,晴,仲小宝为先墓前田事来。廿九日癸未,晴,又至,云,田有一亩,价连小业在内计六十千钱,约以初五六日下乡,看后再议。三月五日己丑,阴,辰有雨丝,同一清至鲤鱼漕看田,小宝等未遇。十日甲午,晴,小宝来,为说田价已许五十五千,必不可少。余答以宁迟缓两年再说。至十一月徐三友来说,云:"四十五千钱已可成。"田有一亩二分,因乏钱中止。

十五日己巳,雨,下午,晴,至税关前董觉轩寓,贺其弟振轩濂入泮之喜,题"或五十步而后止以五十步",诗题"鸭绿蘋池春水新得春字。"

是月大,十二日丙寅,晴,春分。廿七日辛巳,午前雨,后晴,夜雨,清明。

三月乙酉朔,晴,下午阴,大雷疏雨,晚雨,夜大雷雨,辰复诣郡庙问桂女许字魏姓事,复不吉。是日祭扫思永祀墓,未往。

六日庚寅,晴,未后阴有雷,申刻祭扫日月祀墓,亦未往。

七日辛卯,雨,祭扫余庆、日新祀墓及延龄会,俱未往。

十日甲午,晴,托献南在延庆祀还《莲经》,去岁受纲事李姓所许也,亦未亲往。

十一日乙未,晴,至合丰贺周煦子景灏入泮也,以其九日至家拜客,始知之。

十二日丙申,雨,同鲁泉至徐子家为德昌票事也。又至范,归后又至鲁泉家。十四日戊戌,晴,时有疏雨,夜大雷雨,至鲁泉家及徐、范。十六日庚子,晴,申刻雷雨,至徐。十七日辛丑,雨,午后阴,夜大雨,往范子家,同赴甬,余先归。十八日壬寅,日中大雨。至范家,云:"昨日至厚生,据云此款分作四股,已认一股,士颖与鲁泉,亦各认一股,正、允二纲共认一股,作三七分。"
范子并至坤源,而归又至徐。廿一日乙巳,晴,至范至徐又至范。
廿二日丙午,雨,至鲁泉家。廿三日丁未,晴,夜雨,至范及徐,又
至范。廿四日戊申,晴,又与鲁泉至徐至范,又与范子一同至徐。
廿六日庚戌,辰雨后阴,又至徐。廿九日癸丑,晴,又至徐及范。

六日己未,阴,下午晴,夜雨,至范及徐,归至鲁泉家。明日
又往徐范二家。八日辛酉,晴,至范,范子即往厚生,当召惠康副
友王生至,以惠德昌,来照厚生,前议并不许于思永祀户下暂挂。

十四日戊戌,晴,时有疏雨,夜大雷雨,是夕,传说打死年少
男子一人,因骂母也。

十六日庚子,晴,申刻雷雨,是日,西门外范氏,雷击酒旗
并缸。

二十日甲辰,晴,纲宪侄来,以小椿将其己屋腰墙拆毁表
恳也。

是月小,十三日丁酉,雨,谷雨。廿八日壬子,晴,立夏。

四月甲寅朔,晴。

是月大,十五日戊辰,晴,小满。三十日癸未,晴,芒种。

五月甲申朔,微雨。是日,日食六分有余,自巳刻食起,至未
刻还,因雨未见。十七日庚子,雨,一清以水步事至局归家,后日
来三次,事已止。廿三日丙午,阴,为朝芬并其弟同收校稿。

是月大,十五日己亥,雨,暂见日,夏至。

六月甲寅朔,晴,因疮,买棹至郡庙,为桂女黄姓亲事问签,
详后。

二日乙卯,晴,金藜光为其侄阿组生业事来。

九日壬戌,晴,张守成侄为樟村买货受亏事,同樟村二乡人
来,将恳于官以求胜,余劝阻再三而后去。

十日癸亥,晴,松涛叔母为住屋,前押某姓,今范氏来逼此
款,甚至脱卸门户,以病不能出覆之。七月癸未朔,阿春送松涛

信至,乃召宝甸理之。三日乙酉,晴,宝甸以事直来告。先是,五月二十日癸卯,松涛曾来说过,余写书与俤青交伊面送,被人阻而止。

十三日丙寅,晚雷大风,瓦飞石走,雨即止。

是月小,二日乙卯,晴,小暑。十七日庚午,晴,大暑。

七月癸未朔,晴,时有雨丝。

十日壬辰,晴,董觉轩、刘艺兰来问疮。

二十九日辛亥,晴,时有雨丝,范多珩值深宁会于厚斋祠,使仁富送分金至其家,余因疮初愈未往。

是月大,四日丙戌,晴,立秋。二十日壬寅,晴,处暑。

八月癸亥朔,晴,买棹赴局。

七日己未,晴,下午雨,为徐子来取文庙汇考及文庙位次图,即赴局。

八日庚申,晴,下午雨,张守成至局,以将赴杭谋业,来借洋三四元作路费,未应,去。

是月小,五日丁巳,晴,白露。廿一日癸酉,晴而雨,秋分。

九月壬午朔,晴。

七日戊子,晴,归家。是夜鲁泉来,为恳信怀等唆赋南至惠康大闹思永祀帐也。

十日辛卯,信怀始以思永祀买田来告,因不能划归托词也。十六日丁酉,晴,正纲为其弟来解说。廿六日丁未,晴,赋南、鲁泉先后至局,皆为思永祀帐事。赋南自云:"因信怀许借洋十元,今近收得三元,始悔为其使也。"十月十五日丙寅,晴,赋南将擘分思永祀存项来告,余执不允。又欲于祀内暂付七元,以信怀所允款抵偿,又不允。再三纠缠不已,必欲余写字与鲁泉暂借,余意其未必发也,乃写一字,且注明不得付思永祀帐。鲁泉见字即付其事。后于十一月终祀,本划归厚生,其洋信怀听偿,至次年正月二日,信怀来贺年告云。

是月大,七日戊子,晴,寒露。廿二癸卯,阴,后晴,霜降。

十月壬子朔,雨。

三日甲寅,晴,至坤源为宝甸吉日筹洋事。十二月二日壬子,晴,至茂生召士颖至,为宝甸生业。

五日丙辰,晴,为大堰头抄谱中应补入文章。廿二日起为考先世事迹,至廿五日毕。

七日戊午,晴,至范子家,为其十三日造生圹送仪也。

是日,士颖至局云:"先正肃公墓事,丕烈公已浼人告知姚令,令已许办,欲志局具呈,亦犹前年边太尊允办,欲荐绅具呈也。"余云:"今袁氏有后,必先子姓具呈,然后绅士再呈始可。若欲绅士代具,必欲桃源先生之无后者而后可。"彼犹中止。

十四日乙丑,晴,至宝甸家,为写吉日大启帖及迎娶帖子。

是月大,七日戊午,晴,立冬。廿二日癸酉,晴,小雪。

十一月壬午朔,晴。

二日癸未,晴,为鲤鱼漕先大人淋墓事归,顺召泥工修志圹。下午往藕池头忠保家及杨家路头仲小宝家,为包淋工事。三日甲申,晴,徐三友及洪五、梁有发三人来为包淋坟工,定计工食钱八千六百。四日乙酉,晴,买舟载料及泥工二人,至鲤鱼漕告土,即修志圹,土工加土,晚归。五日丙午,雨,未往。六日丁亥,晴,时有疏雨。午后至墓所,未淋。

七日戊子,晴,午后至墓所,晚归。九日庚寅,晴,早饭后下乡,途遇三友等云:"已完功。"即同归。给发工食钱,乞是事也,于前月十三日甲子,烦一清择日。二十日辛未,得所择日归。廿五日丙子,晴,约泥工。辛巳晦,作告土及告墓祝文二首。

四日乙酉,先墓动工日,墓后有倒塌古墓二穴,穴内杂木如刺,砖石入内,不可动摇。乡人劝余修之,召泥工问可,以未敢造次对。后乡人先动手去木,余即命泥工相帮,去棘木及砖石尽,即以先人墓前大洋板三块为作墓盖,并砖灰等涂,如又令乡人加

土,给其酒钱四百文。又先大人墓前隔田有塌坟二穴,乡人云:
"可修。"给酒五百文,并令在冬至日修补完好,及加土淋之。

九日庚寅,晴,午后景苏来,以将迁居,预资明年钱二千五百
文,同至得泰付彼。

十五日丙申,晴,夜分后百丈街火起,延烧百余间,焚死
二人。

十七日戊戌,晴,酉刻江北火起,延烧民房四五十间。

十九日庚子,晴,至刘艺兰家拜祥祭。

二十一日壬寅,晴,冬至,至鲤鱼漕展视先墓,未赴祠。

廿九日庚戌,晴,夜半雨霰,夜分后芳嘉桥火起,延烧民房百
余间,焚死婴儿一人。

是月小,七日戊子,晴,大雪。廿一日壬寅,晴,冬至。

十二月辛亥,晴,朔。

六日丙辰,晴,时有飞雪,风甚,至仁山家贺其迁居,实为傅
荣生业也。先是,十月廿五日,曾发书与傅荣面送,冬至日仁山
至家,曾面托之。

十八日戊辰,雪,午后雨。是日,散局与饮,陈子相一人道笠
于半席,后始至。午刻,船归,归已起灯矣。

廿二日壬申,晴。至小香家,闻其为吴汝成事被累,慰之也。

廿三日癸酉,晴。是夕,起更后谢年,适朝全姊文蔡、万顺
至,相帮。廿五日乙亥,晴,祀祖及地屋主。

是月大,初七日丁巳,晴,大风,小寒。廿二日壬申,晴,
大寒。

纪病:三月六日庚寅,晴,未后阴有雷,申刻雨,齿痛。七日
辛卯,雨,服平胃散一剂,痛稍愈。

四月廿二日乙亥,疮起。廿八日辛巳。廿九日壬午,以花
椒、葱头洗之,未愈。五月甲申,朔,至一清看疮受药,归。乙酉,
服一清方,又取药。六日己丑,晴,又往取药。九日壬辰,晴,又

往取药,即赴局。十五日戊戌,服生军。明日己亥,又服之,前后阴☐结腹下疼。十七日庚子,雨,一清以水步事来局。明日辛丑,阴,微雨,因疮痛归。十九日壬寅,晴,往十字港任声雷家看疮,服药三剂,未愈。又用一清药。六月甲寅朔,疮口溃烂。二日乙卯,服九龙丹。三日丙辰,又服。八日辛酉,以膏药敷之。十四日丁卯,服泻药。十七日庚午,起服汤药。至廿二日乙亥,未愈。廿三日丙申,复召,任声雷至,医之。廿八日辛巳,以引毒药来薰之。三日,疫沫泉涌,口不能食。至十一日癸巳,稍愈,疮口亦渐平。至二十日左右,始愈。八月癸亥朔,赴局。至十月,间头渐发,十一月中甚,前后阴有患。十二月八日戊午,至万丰看声雷,未遇。廿三日癸酉,访于南门外,始遇云:"惟服药方可。"迄岁莫,未愈。

纪梦:元夕梦同周显夫食,闻徐子召,彼又啮骨,曰:"尚早。"余食所积羊肉,至堂见位次紊乱,让而后定,徐子又起。后又梦身在室,窗外有一人,推窗曰:"胡不再娶?"对特成亦容易。答以"将纳妾"而去。遂出,墙下遗矢,是失财之兆也。五日庚寅,晴,梦在士颖家坐谈,若纲镕适出场也者。又梦看亡友张小庐应文赋,赋以泥金红格抄之。十五日庚子,晴,梦鲁泉以仁昌洋票三元至,余惊曰:"何故至此?"曰:"可至我处,取二十元。"十九日甲辰,晴,梦至一处,与人议事,将买油绳以食。同出,至街上见东有黄盖官来随,向西而去,又有黄盖来,火炬照道,朗若白昼,旁有人议。余曰:"腊梅花已放,何不在行乐,何奔波若此?"后至一大房而入,谈者若吕氏三舅氏,云:"二月五日己未,梦升一台,华丽异常,皆金玉、朱漆雕花而成,并无阶级扳援而上,至顶中座,不知所供何神。焚烛,烛热拈香,未拜,即令人携梯来,梯用雕漆小凳叠成。"六日庚申,晴,夜梦骑墙,东☐采蕲,又梦遗矢之半。七日辛酉,晴,梦观台阁,余坐于妇女台上,身前有一及笄女,其母在侧,余推之使远,彼且反身向内,以嘴迎余嘴而戏。十日甲子，梦由徐子家而归，路经山岭，足陷泥中，重起而行，又不若徐子见住屋者。三月八日壬辰，梦至一处，见书桌坐女师一位，背铺棉被，箕而坐，余在其侧吃绵丝水烟。女师对余曰："此棉被盖者唯姚某最多。"余不知所应，亦未见其容而醒。四月十六日己巳，晴，梦若身带重孝衣，头带重孝帽在厕上。又梦室内四壁皆床铺，予坐卧行走其上，有一妇云："一人要帐。"大约记不分明，醒后思之，大约为假山迁墓，族祖要余为主也。五月廿五日戊申，梦落牙齿六七颗，握在手中。六月十九日，壬申，梦与瑞璋饮，后佣妇以饭煮粥，瑞璋必欲以米煮，性情依然。又梦与亡兄功懋同坐月桌间，余询以先祖手书，汝家当有之。答云："无。"鲁泉又至，问以伊祖手书，亦云："无之。"又若见先君然者，并无一言，醒而怅然久之。八月廿六日戊寅，梦若身游海外，捷行川上，详见纪梦诗。除夕，梦阿福至余家，家内有床铺三，阿福解衣将睡，余扭其发使去，见其身上自胸以下至足面以上，浑身皆如钱大红点，私意以为恶疮之余也。忽然而醒，后又于梦中自禁遗矢而反遗矢，是又梦内之梦也。

自二月廿二日丙子，起夜，课八十六次内日犯者三。

正月七日壬辰，晴，辰，雪花大风，寒甚，诣郡庙问出外谋生事，得百十九签，中平，诗云："千尺丝纶下钓渊，一波才动万波牵。水寒夜静鱼归壑，坐对清溪月正圆。""碧天悬皎月，光影落波涛。水月本无迹，愚人枉去捞。"解曰："问名利，总难成。婚未可，讼无惊。病安命，人回程。"

同日问桂女，可许字魏楷子否，得百十七签，中平，诗云："一念行凶众鬼随，忽然省悟诸神护。天堂地狱片时分，自性还须汝自度。""云去见山青，云来山又白。白云有去来，青山无变易。"解曰："讼宜息，病求神。婚勿定，孕非真。占谋利，勿托人。"

正月十九日，甲辰，晴，至黄锦标处问命，说与去年"尺之泰"课同。

同日至竹垞家，占流年得"鼎之泰"。

断云：不吉。

同日至史鸿章问命，其说约与黄同。

廿一日丙午，一清来评桂女命。

二十二日丁未，雨，至吴文彬处，先大人墓课墓向坐辛向，乙兼酉卯得"屯之复"。

断云：此墓尚未得，气始戌，年始转，及辰巳午大佳，有丁有财，兼有秀约，先发己酉丑人，后发亥卯未人。

二月二日至黄锦标处，问此课吉凶，云："地实可做，所嫌者应爻，宜静而动想由初葬，故耳。丁极旺，且得秀气科丁地也，但财未厚。"

二十四日己酉，有雪花、细雨及雹，得日湖关圣殿四十四签"泽水困"，金五月卦，诗云："（盖预问纳妾事也）胜负荣枯反掌间，急图活法济难艰。眼前清浊须分别，莫作寻常容易看。"注曰："君子守操，莫作容易，问卜平平，终不称心。此卦活法驱驰之象，凡事谨慎三思。战国时，越王勾践为吴所败，栖于会稽，使大夫文种行成于吴，吴许之。勾践反国，乃荣身焦思，饮食尝没，身自耕作。夫人自织，折节下贤，与百姓同其劳苦二十余年，其民生长，兵可用，用以伐吴，王败栖于会稽，使人行成，请曰：'孤臣得罪于会稽，孤臣不敢逆命，望大王赦之。'范蠡曰：'会稽之事，天以越赐吴，吴不取。今天以吴赐越，越岂可逆天乎？汝今不取，反受其咎。'吴王自刎而亡。"

二十七日壬子，晴，诣郡庙问王姓养女，得一百八签，中平，诗云："匪鲔匪鳣一锦鳞，朝来东浦暮西津。但知任意贪游跃，须忘前头下钓人。""劲弩弦先断，钢刀刃易伤。许多斗力汉，怎似木鸡强。"解曰："讼宜息，婚不长。名可得，利有藏。能守旧，免生殃。"

同日，至日湖关圣殿，又问，得六十五签，"火天大有"金正月卦,诗云:"几年淹涕在尘埃,一出尘埃色转新。声倍忽然高十倍,金章紫绶照青春。"注曰:"几年抑屯,终少亨泰。取求称意,攸往皆宜。此卦大有声名之象,凡事尽可施为。"

"后汉桓为监察御史官,反畏之,常乘骢马,京师震动,曰:'行行。'且至避骢马御史,后至三公,帝赐金章紫绶。"此签先逆后顺之象,解语:"功名遂愿,无不称心。求财称心,百事皆宜。婚姻贵人,主事不必狐疑。孕产喜得贵子,大利吉昌。"

廿八日癸丑,晴,至方春水占之,得涣之讼

断云:不吉。

此游魂课也。余初意至唐运香处,因候久不出,故至方。

二月二日丙辰,雨,至黄锦标处占王氏养女,得

雷火丰

断云:此女貌亦可人,惟性刚难驯。且丑官落空,戌官逢冲,寿命不长。又财临白虎,应值勾陈,目下价虽平直,恐多反覆,事必不成,不如不定为是。

十四日戊辰,雨,至黄锦标处占沙泥街李姓养女,得

睽之晋　　断云:不吉。

十六日庚午,晴,至秦维城处占之,得

火山旅

断云:此课子卜四实,性情和平,但稍柔弱耳,财亦旺,微嫌寿命不长,可贺可贺。

余素信秦课,得此,遂于次日成契,纳李氏养女为妾,实干姓也。

廿八日壬午,阴,午后雷,有疏雨。午前至黄锦标评干氏命,生于四月廿八日。

断云:此命当必幼年出家,以丁壬乙合故也。明年,交甲大佳,申运当有病,乙运复佳,至酉运当终,若过此,当至戌运,此造以午为夫星,官坐贵人,当生贵子,子卜二实。

三月乙酉朔,晴,复为桂儿诣郡庙问魏姓婚事,以前非专问且诗词不类也,得一百十二签,下下,诗云:"春蚕作茧求栖箔,才得完成汤沸镬。不是人来伤汝生,皆因自己将身缚。""六尘俱不染,一性自怡然。欲识本来相,中天月正圆。"解曰:"勿起讼,莫连婚。坟与宅,恐遭屯。病解结,须求神。"

六月甲寅朔,为桂儿黄姓婚事诣郡庙问神,得四十一签,上吉,诗云:"宿世姻缘今日成,相逢邂逅订山盟。从来妻禄皆前定,何事劳心强与争。""当年身被祸,今日锦为衣。赖此阳和力,春园百卉飞。"解曰:"名利亨,事无阻。讼宜和,婚可许。行人归,孕生女。"

思永祀序

窃惟祭也者,所以追养继孝也。祭必有田,无田则不祭也。我袁氏显公支下贞房南野公之来孙定三公,生二子,长美斋公。美斋公生三子,长默斋公,病哑未娶,卒年七十有六;次璞斋公,是为我乾房祖之尊斋公无子,以璞斋公次子为后。是默斋公、尊斋公皆我乾房祖,璞斋公胞兄弟也。乾房以下,春堂公为乾元房,习堂公虽出继,因无别产,似祔璞斋公下为乾亨房,炜堂公为乾利房,绍堂公为乾贞房。绍堂公生二子,长邑庠生襄臣公,生子受纲,次瑞璋公生子承纲,殇。同治癸酉,襄臣公身故,受纲远出未归,房亲邀集襄臣公师友,公同酌议殡葬事毕,恐受纲不归,而绍堂公父子抱若敖之痛,何以妥哉?璞斋公地下灵也,又思我乾元房下兰,斯二代已有专祀,惟定三公、美斋公、璞斋公昆季及绍堂公父子未尊祀产,急须置产,以垂永久。光绪乙亥四月,止存思永祀洋银一百五十元,又乾贞房遗物公同变卖,存洋银七十余元。以上两项存庄出息,若能存息,至甲申止,将本息统行置买常稔之田,元、亨、利、贞四房挨次轮流,以每年田之所入供事,春秋及忌日之用,庶载定三公三世及似二公、似五公、兰六公、斯十一公、斯十七公有田,则祭享祀不忒,子子孙孙,永远遵规,轮流当办,再襄臣公遗物洋银以受纲未归,祔入祀田。他日受纲若能归来成家,公议拨与受纲,而思永祀仍照四房轮值,永远弗替,则追养继孝之意,于是乎在焉。

光绪元年乙亥四月□日公立

思永祀历代葬娶生卒开具于后:

二十四世祖考例授登仕郎亭山府君,讳开定,字定三,生于康熙十四年己卯正月初三日,卒于乾隆十九年甲戌五月二十七日巳时。

亭山府君元配陈孺人,生于康熙十五年丙辰十一月二十九日,卒于康熙四十四年乙酉十二月初六日。

亭山府君继配孙老孺人,生于康熙二十六年丁卯三月二十日,卒于康熙四十七年戊子十月十二日。

亭山府君继配陈老孺人,生于康熙三十年辛未七月初三日辰时,卒于乾隆十年乙丑五月二十一日戌时。合葬于新河浦薛家山。

二十五世祖考例授迪功郎美斋府君,讳天琪,一字鲁佩,生于康熙五十六年丁酉十一月初二日酉时,卒于乾隆四十七年壬寅正月十一日巳时。

美斋府君元配程老孺人,生于康熙五十八年己亥三月二十二日未时,卒于乾隆十五年庚午十月二十九日辰时。

美斋府君继配许老孺人,生于康熙五十八年己亥九月二十一日未时,卒于乾隆五十一年丙午七月十五日卯时。合葬于县西杨家水畈。

二十六世伯祖考例授登仕郎默斋府君,讳永樟,字同章,行似二,生于乾隆十三年戊辰十月初八日申时,卒于道光三年癸未四月二十九日寅时。祔葬薛家山祖茔之右。

二十六世祖考国学生璞斋府君,讳永瑾,学名鲲,字昆玉,行似四,生于乾隆十九年甲戌二月初四日寅时,卒于道光二年壬午八月初五日申时。

璞斋府君配竺老孺人,生于乾隆二十三年戊寅十月二十七日申时,卒于道光十一年辛卯十二月二十一日巳时。祔葬于杨家水畈父茔傍。

二十六世叔祖考尊斋府君,讳永棣,字庭植,行似五,生于乾隆二十一年丙子六月初七日丑时,卒于嘉庆二年丁巳二月初一日戌时。

尊斋府君配刘老孺人,生于乾隆三十年乙酉五月十八日辰时,卒于嘉庆二年丁巳六月十四日申时。合葬于南社坛下高墩。

二十七世叔祖考绍堂府君,讳丕营,字之经,行兰六,生于嘉庆三年戊午三月二十二日卯时,卒于道光三十年庚戌四月十三日丑时。

绍堂府君元配周老孺人,生于嘉庆五年庚申闰四月初九日酉时,卒于道光二年壬午二月二十二日戌时。

绍堂府君继配蔡老孺人,生于嘉庆七年壬戌七月二十四日申时,卒于同治元年壬戌二月初三日酉时。合葬于城南沿江村鲤鱼漕内土名胡家笆下秦家桥,墓坐辛向乙兼卯酉。

二十六世叔考襄臣府君,讳朝赞,名士杰,号谱生,行斯十一,邑庠生,生于道光五年乙酉十一月二十六日戌时,卒于同治十二年癸酉二月十二日。

襄臣府君配倪老孺人,生于道光四年甲申闰七月初九日卯时,卒于咸丰十年庚申十二月初九日亥时。

襄臣府君侧室干孺人,生于咸丰五年乙卯,卒于同治十二年癸酉二月十二日。合葬于父墓傍,墓坐戌向辰兼辛乙。

二十八世叔考瑞璋府君,讳朝宝,行斯十七,生于道光十一年辛卯六月初九日午时,卒于□□□。①

瑞璋府君配李老孺人,生于道光十年庚寅九月十九日辰时,卒于咸丰八年戊午九月初九日午时。合葬于父墓傍。

---

① 此处原空数字。

思永祀规则

一除夕悬像，羹饭十二宫碗两桌，杯筷念付，银锭一百，元宵节同。

一清明日羹饭十二宫碗两桌，杯筷念付，银锭一百，每房二人参拜享馂。

一中元日羹饭十二宫碗两桌，每房二人参拜享馂。杯筷念付，银锭一百，与清明日同。

一清明前后八日内择日列墓祭扫，于三日前通知各房届期，每房一人往扫墓参拜享馂。

一薛家山亭山府君墓前羹饭一桌，右祔默斋府君杯筷五付，春袋五个。

一杨家水畈美斋府君墓前羹饭一桌，祔璞斋府君杯筷五付，春袋五个。

一高墩尊斋府君墓前羹饭一桌，杯筷二付，春袋二个。

一鲤鱼漕绍堂府君墓前羹饭一桌，祔襄臣府君、瑞璋府君杯筷九付，春袋九个。绍堂公女周家姑祔葬。

一历代忌以满百后停止，只值讳忌。

一历代讳忌羹饭一桌，各祔一代。

一存项议照甬江折息，每年初，公同将上年十二月三十日止清单抄入祀簿内，毋得遗漏，仍将清单粘于簿后。

一祀簿一式两本，一存房长处，一交当办家。若有遗失，罚钱六百文充公，仍令其当时备簿照式抄齐。

一以上祀亲恐有置漏，俟置田产后随时酌增。

一乾贞房下受纲闻其远出为僧，五年杳无音信。倘日后若能改过归来，娶妻生子，房亲邀集族长、房长并邀请襄臣公师友，公同约议，妥为处置，准其挨次轮值思永祀。若归来仍旧浪荡如前，不得于乾贞祀遗物项内支取分文，议将此项永附思永祀，以作绍堂公父子春秋祭享之用。

　　一思永祀起于同治丙寅十月，思斋公五子分家，襄臣公代作分书房文，同劝一成兄弟各出洋十元，纪常兄弟亦助十元作为祀本存庄，照甬江折息无减，揭至戊辰十二月止，存永康庄，本息洋八十三元九十六分，襄臣公年谱中所载即此项也。今与乾贞祀俱存惠康庄。

黄子珍先生年谱

[清]黄 璜 撰

临海黄璜撰,后学洪涤怀宇刚补订。

　黄子珍,名瑞,字玉润,号蓝叔,清咸同间茂才,精究金石,工诗、古文,尤好聚乡邦文献。此谱系其弟璜编订。璜,字子渔,工绘山水,好拓金石碑版,亦能诗。

道光十六年(1836),丙申,十二月十六日,某时生。
　　按:先生世居临海南乡筱溪区三姓(亦作山胜)村。

十七年(1837),丁酉,二岁。

十八年(1838),戊戌,三岁。

十九年(1839),己亥,四岁。

二十年(1840),庚子,五岁。

廿一年(1841),辛丑,六岁。

廿二年(1842),壬寅,七岁。

廿三年(1843),癸卯,八岁。

道光廿四年(1844),甲辰,九岁。
　　父育公馆杭广桥马宅,兄始从读。

道光廿五年(1845),乙巳,十岁。
　　仍从读杭广桥。

道光廿六年(1846),丙午,十一岁。

父育公馆温家岙,兄从读。

道光廿七年(1847),丁未,十二岁。

仍从读温家岙。

道光廿八年(1848),戊申,十三岁。

育公馆岭下金善章公宅,兄从读。

道光廿九年(1849),己酉,十四岁。

仍从读岭下金宅。

道光三十年(1850),庚戌,十五岁。

正月初二,育公卒。是年从祖启源公、从叔增美、增芳公延郡傅作梅师主家塾,兄从读,师以修脯贫薄,文不为改。

十月,启源公荐兄郡城罗宅代馆。

咸丰元年(1851),辛亥,十六岁。

仍馆郡城罗宅。

咸丰二年(1852),壬子,十七岁。

仍留馆罗宅。

咸丰三年(1853),癸丑,十八岁。

馆杭广桥马宅。

五月,大水平屋,兄念《阴骘文》万余卷,为家人祝。水稍退,沿山至家省亲,时宗谱稿藏从兄寿田家,为水浸没,兄携归,曝而理之,另为誊抄。

咸丰四年（1854），甲寅，十九岁。

馆从兄寓田隔岸店中，予耕凿之暇，间亦从读。

咸丰五年（1855），乙卯，二十岁。

咸丰六年（1856），丙辰，廿一岁。

咸丰七年（1857），丁巳，廿二岁。

咸丰八年（1858），戊午，廿三岁。

馆岭下金宅。

咸丰九年（1859），己未，廿四岁。

仍馆岭下。

咸丰十年（1860），庚申，廿五岁。

四月，督学星白张文贞公按台，试士古学，以"花亨泰"题命赋，众皆黜落，惟兄与黄邑王蜕拔取，遂补弟子员。秋，郡江浣秋学博培揭同人来访先人敝庐，时竹树扶疏，金飚送籁，萧瑟堪听，因颜其阁曰"秋籁"，酌酒赋诗，颇称盛事。仙居汪广潭、苍溪周松溪、秀水蒲作英均为制图，苍溪王子裳为制序，瑞安孙衣言为书额。按：张文贞名锡庚，号星白，丹徒人，清道光丙申传胪，翰林院编修。

咸丰十一年（1861），辛酉，廿六岁。

五月，张文贞公复至台，以女公子妻兄。时粤寇倡蹶，文贞公邀绅士登四照楼议防剿事，兄赋诗曰："闲插绿杨朝试射，高烧红烛夜谈兵。"众甚壮之。数日，省垣闻警，公去。

十月初一日，夜犯郡城，兄送母亲等山中，命予负高、曾、祖像，季

弟负旧谱稿,自携手抄新稿同往梭山避焉,时著有《梭山集》。是年,
为予娶洪氏。按:文贞侄女名娴。父锡龄,官广东韶州府知府,道光二十七年
八月十七日卒。文贞抚之成立。

同治元年(1862),壬戌,廿七岁。

正月,避寇岩下殿,闻大兵下逮,兄与表兄张君幹材举义旗,共克
郡城。

二月,迎母亲归。明年,郡守刘公璨上其功,按内授识训导。

同治二年(1863),癸亥,廿八岁。

馆从叔增美、增芳家。

十二月,承祀灵根生。编次先君《梓里遗闻》,并序曰:"先子明星
府君授经乡里,不肖随侍者凡六载,每馆课毕,遇古今节义、奇闻、古
迹有关桑梓者必条记之,黏窗壁间,居则卷置簏中,积数十束。咸丰
三年,大水入宅,悉没焉。水退,不肖取晒之,得文全可读者,尚百余
条,因谨录之,厘上下卷,题曰《梓里余闻》藏之溪南书藏中,以待后之
有志纂修志乘者采录焉。"

同治三年(1864),甲子,廿九岁。

正月,至海游访于芍川汇大使并其弟星槎(潢),为大父择葬
洞前。

同治四年(1865),乙丑,三十岁。

馆潞桥蔡孝廉子绶、蔡学博恭生宅。

同治五年(1866),丙寅,卅一岁。

馆郡城王寿门司马永年宅。九月初五日,女纤纤生。时有友往
贺,兄固未之知也。兄成七律一章云:"曾否门悬帨与弧,客中有客贺

充闾。漫云道远书难达,毕竟家贫信易疏。卅载风尘为父始,百年婚嫁累人初。不须亲把啼声试,已识高堂笑口舒。"

同治六年(1867),丁卯,卅二岁。

仍馆王永年宅。夏,灵根病目剧,兄静夜祷祈吕仙乩药,恙赖以瘥,兄反以劳致目大痛,兄病目,自是始。

四月,秀溪黄仲西丧子书来,兄复书曰:"夫仆所以不为流俗之言,进相慰藉者,亦欲足下凝静以养其心,优悠以休其身,尽性穷理以来吾学之进益,有子无子听之,子早子迟听之。夫然后天之厄我无子者,而我之著书立说以垂万世,亦如子子孙孙馨香俎豆于无穷。"

六月十六日,女纤纤殇,予书去,始知,复书曰:"此一块肉,累人寔甚,为吾已付之一哭,为我告高堂勿伤也。"复作诗四章,其一云:"一叶琼枝忽陨霜,惊传消息思傍徨。明知死后悲无益,始信宵来梦不祥。此日纵添慈父恨,他年转免嫁衣忙。向平儿女竟何有,五岳心期尚渺茫。"其二云:"昔时汤饼亦开筵,弄瓦何曾异弄璋。连日庭帷增喜气,他年门户望辉光。那堪落叶三更梦,竟似昙花一现藏。最是伤心难慰藉,高堂垂暮发苍仓。"其三云:"生少聪明质似莲,才呼小字便嫣然。刀圭难继知爷苦,啼笑从来得母怜。黄佩漫言灾可却,色丝空望命能延。剧怜阿叔痴情甚,拜遍庸医祷遍仙。"其四云:"饥来驱去太无端,尔父年来剧少叹。那复甘心恋栈豆,顿教归梦落烟峦。人天有恨长生鲜,儿女忘情太上难。坐对残灯当永夜,不禁清泪自泛澜。"是年,乡试备荐。

同治七年(1868),戊辰,三十三岁。

是年,取自著《台州掌故》旧稿中能书画者并新得百余条,成《台州书画识》十卷《附识》一卷,所录起晋迄清,台人能书画者凡二百九十余人。

同治八年(1869)，己巳，三十四岁。

正月，沃洲俞瞻云持黄岩尉聂公耀南聘书来，时兄方目大痛，医药罔效，因失左明。

二月，稍平，适尉署馆，得与姜恭甫、詹簿景华订交（恭甫与兄同年生）。是年，修订宗谱，并自作序，编辑所著《苍溪集》、《台故日札》三十五卷、《临海古迹记》十卷、《天台后集》十六卷、《赤城三集》三十二卷、《台州名媛诗辑》五卷、《词辑》一卷，自唐迄清凡六十一家，古今体诗四百六十五首，词三十五阕。同邑陈一鹤、黄岩王棻为作序。

（陈一鹤序①）昔《玉台》喻贞，匪云累德之作；团扇失宠，不废缘情之辞。则夫唐山房中之歌，班姬长信之赋，正变参诸风雅，篇什传之闺帏。裙绿襦紫，有足多矣。而或谓王谢大家，实愬礼法；溱洧薄俗，别吟风□，所思以秋桐写怨，相遗则春草绵情。女子善怀，《大雅》弗取。若夫乐府留传，声章悦慕，木兰征戍，孔雀乖离。陌上采桑之篇，山下蘼芜之句，皆环才依托，逸思雕华。故能韵余于文，情止以义。而曹昭女弟，学有渊源；马融大儒，业资句读。宋家五解，比兰泽之多芳；蜀国四弦，惜羽陵之早蠹。秋叶易萎，朝华不芳，君子病焉。吾台井女分野，雁荡钟气。黄宪外史，若融春阳；翠鬟女僮，能诵《秋水》。幽兰猗猗而入抱，古雪皑皑□摅愁。禅心不霑，元旨斯畅，则有乔家碧玉，赵女翠翰。携手之曲，无假于沈约；同心之歌，足比乎张衡。攀条则绿叶华滋，咏桃而红英照灼。至若中路零落，孤镫溇潺。阖寒闺之晚妆，无改竹柏；谢画梁之朝日，不伤绮罗。又若新丰路遥，洛阳钟隔。看离扇而拂匣，检别衣以开箱。胡笳一声，变徵入拍；汉月万户，流光照心。亦有歌扇唬莺，翠钿委蝶。枝镫向夕，欲除钗以沉吟；檐花照月，讵弄机而掩泪。永巷无伤，芳树斯舞。别有感素缕之双针，览香囊之四角。曼声匹古，空忆帘影；艳箴

---

① 《三台名媛诗辑》记载为王维翰序。

征今，遥隔花蕖。倡竖独宿，鹍弦之余弄且辍；荡子不归，青丝之游骑已湮。固皆含芳腴于襟抱，扬华绮之心铭。佳篇林立，幽致玉铿。然而机断九张，古锦失艳；琴亡百衲，么弦寝音。何能发颓绮以鲜红，悦凄魂以爽翠。吾友子珍黄瑞茂才，餐芳怡神，御霞标韵。荔枝谱其清咏，兰亭拓夫古怀。于是分花管于文通，饮香茗于江夏。成班昭之撰集，录张泌之妆楼。寸葹卷心，句搜脂盝；瓣蕙雕影，香摹粉奁，但持纵容之论，无伤渊雅之致。遂积成《三台名媛诗辑》五卷、词一卷。错蓝朱以成彩，戛宫商而为音。纪事均体宋诗，唾月皆碧；绩貂滥觞戚氏，嚼霞自红。空山闭门，破砚磨铁。方当别古诗，还以徐陵；笺《女诫》七篇，质之丁氏。适以是辑索序，镫檠九枝，耀彼丽属；素缣一匹，豁我灵襟。顿有触于恨人，谅无惭于作者。三章《静女》，拟扬彤管之古芬；一代妙才，请补《赤城》之复集。

（王芬序）黄君子珍刻《三台名媛诗辑》既成，乃属余为之序。忆余少时，则留意于乡邦之文献，而恨同志者无其人，既而数子者出，吾邑有王子裳、杨定夫诸君，临海则子珍为最。余与子裳、定夫皆好收藏乡辈遗书，而未遑撰述，唯子珍购觅、借抄兼攻铅椠，盖未十年，而所编著者已百十余卷矣。其大者，为《天台后集》《赤城三集》二书，其小者，有《台州书画识》《台州金石录》《台故日札》三书，其专系临海者，复有《康熙临海古迹记》《临海著录考》《临海金石考》《临海诗辑》五书，何其富也。至于三台名媛诗词之辑，盖其平日留心文献之绪余，而周君少谦特心好之，首为付梓，其书略仿厉太鸿《宋诗纪事》之例，自唐迄今得凡六十余人，诗四百六十余首，词三十余首，分为六卷，体裁详审，又诵可传。夫以子珍绪余之作，其不苟如此，则其他撰述当必有大可观者。独恨世无如少谦者为之雕版以广其传耳。考吾台文献莫大于陈、林、李、谢诸书，陈氏《赤城志》、林氏《赤城集》、李氏《天台集》，皆录宋季以往之人物诗文，谢氏之《赤城新志》《赤城后集》

《赤城诗集》,迄于明之弘①治。国朝康熙中续修郡志,当事者不知仿谢氏之法,而略采数书,投其后事,汇为一编,名曰《台州府志》。意为弃取,详略失宜,未免文献之厄。同治中,郡伯刘兰洲都转议重修之,余以为当取弘②治以来三百余年之事,条分件系,自为一书,名曰《赤城三志》,而别录诗文以为《赤城三集》,以续陈、林、李、谢诸书,然后合而梓之,冠以《台州府志》之名,而备刊八书,以存其实,庶乎无让善之讥而有足征之美矣。刘公颇韪其言,寻告养去,志事遂止,殆所谓道之行废,亦有命者耶。今子珍既有《赤城三集》之编,复出其绪余,以成斯辑,他日当地者,倘采末议,纂修三志,非吾子珍而谁属哉? 然则是书之刊,即谓吾台文献之所系焉,可也。

十二月十五日,嫂张孺人逝世。予家旧有庐三间,兄颜曰“爱日草堂”,以为奉亲之处。黄邑令孙欢伯明府(熹)为书额,邑人江浣秋先生为撰记。

同治九年(1870),庚午,三十五岁。

四月,黄岩杨定夫侍御来郡,介其宗人杨则祥(柱)过访,兄赠诗有:“九天雨露龙光近,万里风云鹗影搏。”是年,所著有《秋籁阁印谱》八册,黄岩王咏霓作序。序云:

> 余生平莫逆交,无如王子庄、蔡竹孙二君者,居同邑,又丁卯同年也。子庄修敩好古,于书无所不窥,而尤嗜许氏《说文》。竹孙博览强记,于人少许,而极称临海江浣秋、黄子珍,余以己未岁由竹孙交浣秋,见其天才横溢,不可一世,而亦善子珍。子珍者,咸丰庚申岁与余同受知于京江张文贞公者也。余时闻其名而未得面。越三年癸亥,始相见于竹孙之黄神庵。黄神庵者,竹孙以其余事篆刻之所。时子珍亦以诗文之暇从事金石,既而深嗜之,

---

①② 原文作“宏”,当为避讳,今改。

研精覃思，不疲旦昼，积之数年。遂以掩其诗若文之名，然亦以此得目疾，于是辍不复作者，四年于兹矣。今年庚午，余馆宁海之缑城，过子珍为别，子珍以所为《秋籁阁印稿》八册出观，属一言为序，余于篆刻一途未觌径遂，其何以复子珍乎？虽然，余窃闻竹孙之论印矣，竹孙之言曰："刻印必须明篆体，篆体明则古文、大小篆之分不得而淆。明篆体必先读《说文》，毕氏《六书通》不足据也。《说文》之例，古文多省，籀文多繁，如'卤'部之'桌'，当云'𣡌'，籀文'桌'从三'桌'。'栗'古文从'西'，徐巡说木至西方，战栗，今本转写有误，以'桌'下籀文从三'桌'证之，可见段氏《说文》注每疑之而未能改，此之而不能，非能之而不欲也。"且更闻子庄之论《说文》矣，子庄之言曰："《说文》一书，言转注，言假借，其义最隐。转注以'考老'为例，为之说者綦繁，而惟曾文正公为尤。审假借无确诂，许氏以'令长'为例，棻谓当是'今长'二字。盖'今'从'反'及，'长'从'到'亡，许书中凡从'反'从'到'者，皆假借也。"竹汀钱氏云："《说文》之例，皆举一反三是也。"二君之言盖如此，然则以刻印而言，篆体之明亦难矣。宋夏竦《古文四声韵》，广搜大篆，而于草部之左文五十三则竟遗之。夫《说文》一书，古文大篆之异，其最疏且浅者耳，而非好学深思，实事求是者，亦不能深知其意，而况乎训诂之通假，古音之分合，天地、鬼神、山川之幽远，草木、鸟兽、鱼虫、杂物、奇怪之形状，王制礼仪、世间人事之义理，靡不悉载也哉。今子珍所刻，诸体悉备，不相混淆，而书卷之气，时流溢楮墨间。其生平所为诗文，吐弃凡近，不名一格，宜其为文贞公所知也。当文贞公按吾台时，于经学取子庄，于辞章之学取竹孙，而其契子珍尤厚，以兄之子妻之，独浣秋或遗焉。不一年，而文贞公殉于忠，浣秋挟策走四方，迄无宁岁，而子珍以病目之故，养疴授经所谓"秋籁阁"者，亦不得时与为缘，至已巳之腊，而文贞之兄之子则又殁矣。今年子庄主吾邑之九峰书院，方闭户注经，传诸来者。竹孙掌教广文，与子珍邻近，且从事于许君书，即其篆刻不仅如完白山民。独余以孤陋寡闻远隔乡县，齿逾壮年，业无寸进，眷念师门，只益惭恧，其能无今昔之感、离合之慨也乎！因牵率二君之言，以复子珍，并为告诸浣秋也。

同治十年（1871），辛未，三十六岁。

白岩寺僧不守清规，兄同族兄琮及马封翁梯云，以高祖坦安公所舍寺中山千余亩，请于刘府尊（璈）、黄邑侯（署）拨立义塾正业书院。郡伯刘兰渊（璈字）、邑侯黄敬熙（署字）延入志馆商志事，命校《（康熙）临海县志》。是年，撰成《（康熙）临海志补遗》八卷、《（康熙）临海志校勘记》二卷、《临海沿革表》一卷、《临海著录考》六卷、《临海金石录》四卷。

（叶书《（光绪）临海县志序》）同治间，黄侯敬熙集诸生何炳麟、宋珍、程俊、洪福均等开馆修辑，搜集各家遗稿，杂揉成卷，昧其来源，全失面目，而各家之稿遂由是散佚矣。时黄茂才瑞与其事，知其无当，遂抱册归，潜心考订，将据为一家之书，著有《（康熙）临海志补遗》《（康熙）临海志校勘记》《（同治）临海志拟稿》《临海古迹记》《临海著录考》等书。今之所资以撰著者，瑞实有功焉。光绪癸卯春，叶书伯丹甫书于松麓草堂。

《台州金石录》十八卷。（津门徐士銮序）金石之学，始于宋，录金石而分地，亦始于宋。有通天下而录之者，王象之之碑目，陈思之丛编是也。有即一道而录之者，崔君授之于京兆，刘泾之于成都是也。国朝右文稽古，度越前代。一时诸钜公，博学而善著书，如毕秋帆尚书镇抚雍豫，翁覃溪学士视学粤东，皆荟萃翠墨，次第成编。而仪征阮文达节相亦曾辑《两浙金石志》，萃十一府之碑碣，又各出所藏彝器汇为一编，洵大观矣。临海黄子珍茂才，博学嗜古，独取浙台六邑之金石，自汉迄元，录而传之，厘为一十八卷，皆以现存为断，其有《阮志》搜罗未到，及新出于榛莽泥土中者，一一编入。至于鼎彝之属，携自外郡，概不入录。体例严明，考证精确，洵足以补志乘之阙，而叹茂才为有心人也。书成，索余一言，爰濡笔而为之序。

（黄岩杨晨序）粤自梁元撰为碑集，欧、赵兼录金文，于是考经订史，蔚成一家，分代异区，旁及外域，爇然盛已。吾台碑版始见于《复斋碑录》《宝刻类编》《舆地纪胜》《诸道石刻》等书，而贾师宪《兰亭》八千、谢奕修《金石》千卷，亦一州之盛事，千载之美谭也。迨至寰宇访碑，两浙金石，台地僻远，著录无多，洪筠轩先生创为券舫碑目，藏稿未刊，黄子珍因之作志，加以考证，斐然可观。王子庄剔出砖文，别为一录。未几二君俱逝，予乃访郑氏例辑存其略，颇有出此书外者，益叹耳目难周，而搜罗之不易矣。今吴兴刘翰怡京卿，博雅耆古，校刻丛书，取是录而刊之，足以发名山之潜采，尉故友于九原。故乐得而叙之。

（上虞罗振玉序）地志之载金石刻，其来旧矣。其分地记录及就一地之金石刻，勒为专书者，亦昉于天水之世，若《诸道石刻录》《京兆金石录》诸书是也。今其书虽不存，而《宝刻丛编》所引，可得其大略，盖亦仅列其目与书撰人名，暨立石岁月而已。我朝雍州、关中、中州、粤东诸志尚沿其例而兼仿欧、赵诸录，略加考证，至《山左志》始录文字，而又不备录，其备录者，自粤西及吾浙两志始，体例乃益完备，各行省中亦有集录一郡一邑之金石刻为书者，于是金石之学益昌炽矣。吾浙为郡十有一，而旧有金石志者四，曰《括苍》，曰《越中》，曰《东瓯》，曰《吴兴》。今复得此录合志而五，他行省莫与比也。此录最晚出，体例为尤密，予览其书，有三善焉。他志之于专甓例，杂厕于金石刻中，台州古专甓尤夥，今析出别为一录，于义为允，一善也；前籍所载，今虽已佚，仿《粤西金石志》之例，别志阙访，二善也；著录审慎，其未见墨本者，虽传录其文，辄为注明，三善也。虽亦略有小疏，若昌平府虎符乃隋府兵符，而误列之唐，建炎后苑造作所印之，误释为

"造作丞"。陈良弼墓志录盖文,志以未得墨水,未尝著录,而目录则云"陈良弼墓志铭,存,盖未拓"。目与录歧,如此之类,乃千虑之一失,固不足以病全书也。又天台国清寺,旧有大中五年铜罄,四周刻《波罗密多心经》,后由国清寺归携李金氏,今则久佚而墨本尚有存者。又予斋所藏铜钟墨本,刻佛说《阿弥陀经》一卷,末无年月而小楷端谨,与大中罄字迹相同,殆亦一时所作,一人所施,亦必国清寺旧物之早佚者,而海内金石家多未之见,此录及阙访录中均无之,此则搜访之难周,尤不足为此书病也。翰怡、京卿刻此录成,移书海外,征序于予,予既嘉京卿传古之盛心,又喜吾浙之志金石者,省志以外,分郡之志,十一郡中竟已得其五也,而尚不能无憾者,无志诸郡若杭、若嘉、若宁,其地皆人文渊薮,意必有苦心搜集如黄、王两君者,或且已有成书而世莫传,未可知也。又吾郡杜氏《越中金石记》其书详矣,善矣。然予二十年前在郡城,闻徐以逊大令(维则)所储郡中金石刻墨本,其杜氏外者与杜记所著录几相埒也。大令有赓续之志而未之就,予曩尝通书大令,欲乞其墨本自任编写之役,亦未果斯愿,然于心耿耿,怀之不能去。翰怡、京卿笃志好古,盖遍征诸郡,其有成书未刊者尽刊之,则予亦将与大令谋,竟此二十年未竟之志,异日书成,将并以授京卿,京卿其有意乎? 爰书以俟之。

（例言）一、吾台金石向无专书,考赤城新旧志、《国朝康熙府志》《六邑志》并不列金石一门,惟《乾隆浙江通志》载其目,然存佚并登,按籍以求,十无二三。嘉庆初,仪征阮文达公辑《两浙金石志》,载台州金石四十一种,颇多未备。嗣捡先世旧藏拓本,多阮志所无,思辑一书,饥驱未果。同治辛未,襄事志局,渐次搜访,复得二十余种。又黄岩王子庄孝廉棻、仙居王杏村明经魏胜各以修志之余,邮打本见示,遂录其副,益以陈、洪、宋三家旧藏古砖百数十品,皆以现存为断,自汉迄元计共得三百余种,厘为一十八卷。一、是编体例略仿洪氏《隶释》及王司寇《金石萃编》,具录全文,有剥落不可辨识者,用方空"□"代之。或文见他书,即据补入,于每行之起讫加横线别之;一、晋唐以来,吾台石刻散见各书者,类多佚而不存,谨随见编入阙访目中,以存古迹。一是编断止自元,有明及国朝人重摹者,仍为注明,依原刻时代编入。(如米芾第一岩刻,)若文虽前代,书属后人,则不复登(如苏在中书周润祖《定业寺记》之类)。一、碑之高广,钟之高围,字之大小,并依汉虑傂尺量其分寸;至金之轻重,以今之官平权之。一、汉晋篆文,依原文缩临,另释于后,不可辨者,盖阙如也。一、碑有提行,有抬写,有空格。及行字少而版幅可容者,悉依原式著录;字多者,于每行尽处用小点为识。一、所载诸刻有已见前人著录者,综其题跋,删节繁复,悉著于篇。至时贤题记,足资考证者,甄录附后。或鄙见所及加案字,低二格书之,借以就正有道。一、是篇于原文内,凡遇庙讳御名,俱敬谨减笔避写。一、鼎彝之属,同邑洪氏、宋氏收藏极富,然皆携自外郡,兹概从割爱以昭画一。一、先辈中留意古砖,各有考订。今载其出于郡境者,并注出处及收藏姓氏。一、宋氏所藏唐《襄邑县君宋氏夫人墓志》及《清河张夫人墓志铭》,二石皆关中物。道光初,确山先生自扶风购归,本非台属。然考山阴妙相寺齐永明六年造象题字,迁自吴郡通玄寺,仁和赵氏(魏)所藏。后周天和四年造像铭,得自关中,《两浙金石志》并载之。盖石质重滞,非比鼎彝易于流转,今亦按次编入,并注从来。一、金石日出不穷,是编兼仿杜氏春生《越中金石记》例,每种各自为幅,以便挱插,俟刻成日,另行分卷,编目卷端。一、金石首重考证。吾家素鲜藏书,乱后散佚殆尽,即有所疑,无由核校,管窥之见,难免荒陋,博雅君子,尚其匡所不逮。

(王棻《重订台州金石录例言》)一、子珍原编十八卷,前四卷俱属砖文,金石仅得二种,然砖文究与金石不同,令别编为《台州砖录》五卷,附《金石录》之后,从其质也。一、原编每种各自为幅,以便挽插,今子珍已亡,谨据原书,接连编录,有续得者,另录于后,以示区别。一、原例称鼎彝之属,携自外郡,拟别为一卷附行。今案,此卷未成,仍从盖阙之义,不复辑补。一、《阙访》四卷,金石与砖文合编,今悉仍其旧,不复区别。惟于书目加"砖文"二字耳。

同治十一年(1872),壬申,三十七岁。

春,仍留志馆。

秋,郡守、邑侯相继迁秩去,馆事遂停。兄亦遄返黄溪,有五古《感怀》诗一首,云:"甲子正月望,刘公视台篆。辛未仲春月,下县开志馆。折简延群儒,贱子亦其选。贱子有何才,学识粗且浅。此任岂能胜,上书乞免免。公曰子来前,语子子其勉。我初下车时,睹子所述撰。谓子能好修,不为俗沉湎。况此志乘事,后辈分难缓。旷修二百年,鹤凫多续断。苟不亟缵修,散者终当散。子其任校勘,子其慎编纂。寔事而求是,庶几事有葳。贱子受书读,发箧心戁戁。深惧径寸光,所照终有限。爰证以前史,兼及坟与典。子集亦并征,审视到碑版。乃叹前志修,未免尚就简。二百四十八,一一当补划。更为订其伪,取长而补短。我都为一篇,呈公公曰善。更呈大令黄,许即付雕篆。谁料事未成,二公官遽转。束稿且归来,零星一橐键。"

同治十二年(1873),癸酉,三十八岁。

馆东塍周少谦翰清宅。有《寒食节寄周少谦书》云:"少谦足下:未晤以前,思君之度;既晤以后,艳君之才。经岁以来,感君之惠;一夕之谭,重君之情。满图握手,得伸情愫;燕雁代飞,积怀未竟;可恨人也。奉别而后,日侍尊公,得读书画,如坐米船。萧斋辍课,借以永日。比月以来,如是而已。日月不居,又屈寒食,昔人诗云:'清明无客不思家。'遥遥两地,想有同情。明当归省,并图展墓,小住夹旬,可旋馆矣。小诗四截,题画所作,草草不工,借博一笑。倪梦生、陈诵芬诸不另函,倘一晤面,为我致声,春风多厉,寒暖不时,起居珍重,临楮主臣。"

按:周少谦时客新昌。

同治十三年(1874),甲戌,三十九岁。

正月,邑人李石屏司马(云)官漳州石码通判,来书聘请,于廿七日起程。

二月二十四日,始抵达署斋,在漳州著有《漳江集》《闽游草》《闽游纪程》,其自序云:"余自己巳病废后息影林泉,日以纂述乡邦文献为事,不复有四方志矣。今春,同邑李云石司马自闽漳之石码署中以书来招,因思闽自宋明以来,为吾乡诸先达宦游之所,而漳与属邑之龙溪、漳浦、龙岩、平和、海澄、宁洋则又谢(棐伯)、李(庚)、诸王王士昌万历十六年知龙溪;王谷隆庆五年知海澄,创筑城池;王立准崇祯六年知平和,有歼盗修城功、二董董汝昌崇祯十五年知龙岩,修筑城池,以劳卒于官;董世康嘉靖七年任漳州推官,以清白著称、金金弘成化十七年知漳浦、陈陈涣万历二十年知宁洋之宦绩在焉,苟得一二以补不足,亦文献之幸乎?遂于正月二十七日辞亲就道,至二月二十四日始抵署斋。是行也,凡一千九百余里,水陆舟车,计首尾二十六日。辙迹所经,有得即从舆车中援笔纪之。自省垣以往,人疏言殊,则第志其里铺而已。长夏无事,略为诠次如左,将为他日作《回车纪里》鼓焉,将辞李云石司马聘,成七律十首,聊用自赠。"

其一云:"平生家国负心期,身手相看每自疑。七尺漂流真可丑,十年著述竟何裨。此才岂含饥寒走,末路偏增离别悲。惟有卢仝知此意,新诗和我益凄其。"其二云:"胸有奇诗尚不贫,蓬头鬣面走风尘。天能爱我偏穷我,才不如人亦误人。差喜褤期能磊落,难圆头角太嶙峋。逢时岂有脂韦术,只合空山伴隐沦。"其三云:"旅食天涯年复年,惊心岁月闪雷鞭。空余王粲依人计,谁上昌黎荐士篇。磊砢仪容班燕颔,清癯骨相马鸢肩。即今火色应腾上，何意泥涂尚滞延。"其四云："世事由来翻覆频，笑他俗子易欺人。彼苍到底无憎爱，我辈何妨有贱贫。青简功疏心尚热，丹霄路杳梦难真。漂摇已似孤飞鹤，不是当年独角麟。"其五云："事事翻新局局棋，难将肝胆合时宜。世情薄似秋蝉翼，客思乱于春茧丝。钱虏岂能知我意，书生何敢负人为。鱼肠三寸锋镝甚，昨夜床头匣屡移。"其六云："事到难图念转平，每从体物细缘情。诗饶格律沉吟就，文有波澜顿挫成。尘世于今多爱曲，吾生何地可藏名。迳须觅个蒲团坐，冷眼看他蛮触争。"其七云："膏粱以内尽危机，人海抽帆合赋归。失足竟成千古恨，扪心已觉卅年非。岂无浊酒堪排闷，亦有衡门可乐饥。寄语吾家两兄弟，定来同采北山薇。"其八云："衰年况有北堂萱，盼断烟峦眼欲穿。望我寄书怜我远，嘱儿加饭愿儿贤。子心到此真难恝，别梦从兹益复牵。一曲骊驹歌缓缓，肯教风雪滞归鞭。"其九云："二千里外订心知，两地遥遥一样思。车笠何期盟此日，音书还望惠他时。美人迟暮逢摇落，名士飘零重别离。剩有怜才千点泪，穷途不洒洒临歧。"其十云："多少良朋怨此行，为吟佳句壮行旌。歌翻三叠悲欢杂，胸有千秋去就轻。驿路苍凉萦别恨，海天空阔写诗情。到家曲指应残腊，恰好梅花照眼明。"

按此十诗王子庄先生曾云："子珍之志趣、学识超出恒流万万，有此抱负而终不遇，吾不信也。"王旌夫云："十诗激昂感慨，直欲击碎唾壶。"《留别李云石司马暨其令弟辉山五叠笏廷见寄原韵》七律一章云："聚首真成兄弟如，一年容易过居诸。愿君努力图新政，许我拂衣归敝庐。车笠即今盟尚在，云泥从此分应疏。直钩要学任公钓，收拾丝纶伴老渔。"

是年，又有追思失明之痛，作五古一章云："己巳正月望，左目痛欲颠。药物乃失利，仅得成偏安。养疴空山中，自省多过愆。弱岁悔游艺，泛滥到篆刻。岂有切玉手，不救粥与饘。忽忽坐病废，百事敢挂牵。弃我举子业，思以空言传。陈书日上下，晋接皆前贤。平昔敬昔念,朝夕常拳拳。自分后死身,桑梓当仔肩。零笺拾坏壁,断碣搜荒烟。上自秦汉下,下自昭代先。有见必征录,只字肯弃捐。不敢掠人美,一一出处笺。日积而月累,涓滴方成渊。彦远明画记,欧阳集古篇。古迹及名媛,都为一部全。天台与赤城,两集续其前。更于戚录外,搜讨台诗篇。尺蹄与零纸,思补前人偏。自顾忽失笑,讵有笔如椽。此愿毋乃奢,此志实则坚。后起知为谁,千秋终茫然。未识在何日,用登大愿船。"

光绪元年(1875),乙亥,四十岁。

春过霞城,洪子和(凤銮)延主小停云山馆,课其子文瀛、侄文灏两生。讲课之余,喜其足以起予,感占四律,用以述怀并示两生。其一云:"客星连岁坐身宫,来往真如不系蓬。薄技亦能憎命达,壮心未肯哭涂穷。名山托足神逾玉,大海回帆胆尚雄。径欲尽除才子气,埋头长作蠹书虫。"其二云:"难得重登君子庭,许从翰墨证通灵。不须明月前身印,已是闲云到处停。写韵帘栊双几净,谈经子弟一镫青。启予何意逢商也,妙悟都同解系铃。"其三云:"君家父祖最知名,日下于今尚著声。解字何惭许叔重,笺经直过郑康成。君先世地斋、筠轩、杉堂三先生皆精经学,地斋先生早卒。筠轩、杉堂两先生受知于阮仪真相国、孙渊如观察,有浙东经生大小洪之目,至今都下言经学者,犹推浙东二洪云。传家有后由明德,往籍无存惜典型筠轩先生著述最富,经辛酉变乱,书版尽毁,予往撰《临海著录考》,求其遗书,仅得十之一二,可惋惜也。何幸凤毛能济美,我来病眼顿生明。"其四云:"爱汝丰标雪样清,两家字格各鲜明。吐辞已欲吞余子,落笔真能畏后生。好向古人求实获,莫同处士盗虚声。试看自古惊人者,初意何尝肯一鸣。"

八月,继室金氏来嫔。

十月,温州府学戴鳌峰教授由王子庄孝廉寄赠《东瓯金石志》并书,赞《三台名媛诗》及《台州金石志》搜罗宏富,考核精详云云。是年,著有《停云集》,并为洪书林明经校编《三瑞堂诗稿》。又周少谦为刻《三台名媛诗》五卷、《词》一卷,《述思堂丛稿》成,王克恭为之作序。
序云:

> "述者何述,往事也。思者何,思继来者也。司马子长有言
> 矣。子珍用以名其堂,何哉? 夫子曰:'述而不作。'盖作者新意,
> 而述惟旧章也。又曰:'学而不思则罔。'盖学所以博古今,而思
> 所以贯之也,子珍名堂有以哉。子珍世居义城乡,义城有大好山
> 水,溪流泻玉,岚翠环屏,古人云:'此中有人,必为山林所误。'夫
> 山林误人乎? 彼借终南为捷径,假步于钟山者,未尝无思无述
> 也。然卒至于惭林愧涧,遭风排月,是人误山林也。子珍为名下
> 士,尚奇气,寡交游,对山读书,闭门尚友。张文贞公尝赏之,而
> 妻之以女。既而毛匪犯台,城乡残破,义城尤甚,惟此堂与秋籁
> 阁尚存。秋籁阁者,子珍尊翁明星先生藏书处也,地与堂近,子
> 珍奉老母挈二弟居其中,读书写画,酌古准今,因得闻所未闻,见
> 所未见。经史而外,一切荒城碎瓦,古寺残钟,艳语粉香,零章断
> 玉,无不一一述之,且断以己意,无不一一思之。思不得,邮置同
> 人商榷之驯。至枯蝉山兔,鸟语虫珍,峭壁题名,苍崖古篆,有点
> 画、有音韵者,无不搜罗剔抉,萃荟成书,述多思苦,丧其左明。
> 然只眼具千古也,古人谓:'不到长安门,不知世路之险且恶。'唯
> 文亦然,不登其堂、读其书,焉知述思之苦且难也? 子珍兼贫病,
> 不作仕途想,去岁从八闽归,往返畋千里,将一襆被、短剑、破琴、
> 数卷《金石录》而已。落拓如此,吾恐心为形役,想亦无可述、无
> 可思矣。然此可为知者道,难为俗人言也。嗟嗟子珍,前有千
> 古,后有万年。述则述矣,勿为索隐;思则思矣,毋蹈匪责。好比
> 孔之窃言,嗣腐之垂则,人与堂俱千古矣。"

光绪二年(1876),丙子,四十一岁。

秋,检近作诗百余首焚之,殉以七律二章。其一云:"钦崟历落复
何为,卅载空怀古可希。堕地便知为客误,读书始悔好名非。穷通有

命聊随遇,进退无能但忍饥。贫到今年贫更甚,替人还作嫁时衣。"其二云:"十年辛苦事吟哦,闲爱孤云静爱霞。评骘奚须劳月旦,消磨大半为风花。吟成一字安何益,想到千秋愿亦奢。覆瓿糊窗都不耐,只须火化入无遮。"

光绪三年(1877),丁丑,四十二岁。

是年,成《临海诗辑》五卷,起唐项斯,迄宋周仁荣,缺元明清诗。

按:锦联集句题后,则此书当辑于光绪丁丑。

光绪四年(1878),戊寅,四十三岁。

龟岩潭渔者,以毒饵捕鱼,心常悯焉,请于县,禁止之,为文以记其事。文曰:"出郡兴关外二十里,有溪曰'清潭'。潭有石如龟,亦曰'龟岩潭'。上受新岭油溪诸水,稍下为黄溪,再下则双溪也。由双溪迤逦十余里出两水,港口直达椒江,朝潮夕汐,溯潭而止。潭广十余寻,深倍之,修竹夹岸,绿阴蔽空。每夕阳初下,游泳水面,出没上下,千百成群,实鱼虾乐国也。近世渔利者众,网罟之加,岁无虚日,甚且捕以颇颡,投以毒饵,而鱼几无遗类矣。予家近其地,心常怵惕,常与从叔镇西、从兄锡纯、从弟璋、仲弟璜言之,议立禁而未果。叶君茗园,吾邑善士也,丙子之春,尝集资修潭上孔道会,以事过,予言及此,予曰:'吾志也。'茗园毅然诺,遂请于前县蔼村杨公(昌珠)出示谕禁,鱼于是得安其所焉。是役也,自请以至立石,费皆出自茗园。予与新泉诸人特相其事而已。茗园名震,义诚乡之温家隩人。"

北岸溪口马春坡、马东山二公,介其同族马月轩封公,具书币来聘总修谱事,为作《续修谱序》云:"吾邑溪口马氏,唐僖宗间迁自东阳,绵绵延延,垂千余载,蔚为东南望族。宋端平初,始创谱牒,距乾隆凡七修。今惟乾隆谱存,其时总纂者为瑶田冯氏。冯氏之书自始迁迄明季为前编,名为《元集》;自国(清)初迄乾隆戊戌为新编,名为《亨集》。集各有序,且诏后人踵而增之,无审旧谱。语具详新编序中。今距戊戌又百年矣,其族彦东山、春坡聚族谋曰:'吾台自战乱扰攘以来,故家巨室、书籍著作灰灭殆尽,而吾家宗谱以僻处海乡获存。今幸重睹升平,而先世之故牒,竟听其旷远而莫赎,势必并先人名讳而忘之矣。不能承先,何以启后,续修之举,非诚今日之急务乎?'众皆唯唯。于是东山、春坡两君具书币,介其同宗月轩封翁诣予山中,属总其事。予念与春坡咸丰庚申岁同出先外舅督学京江张文贞公门,有同年之谊。又重以封君属,其曷敢辞?遂束装来局,翁始集合族之人,涓吉告庙,取旧谱之宜因革者,别为发凡起例,其时远近同姓,又各以故牒来附,不下十数家。爰别流派,接以新丁,其间行谊足传、节烈可风者,别为立传,经始于戊寅春。凡数阅月而稿成,厘为六卷,颜曰《利集》。用参《元》《亨》二集,俾无悖乎冯氏之例。此予今续编之大略也。"

光绪五年(1879),己卯,四十四岁。

跋仲弟子渔《晋王右军行书集字分韵序》云:"予仲弟子渔爱晋王右军书法,取《禊帖叙》及唐宋诸碑之集王书者,去其重复,用韵排次,而以同字异读者分散各韵中,共得若干字,有得即集其字为诗若文,或间以锓木入石,浑朴古雅,精采可爱,此亦穷居消遣之一助也。书成,质予为书数语于后。"

光绪六年(1880),庚辰,四十五岁。

与马月轩在郡城创立义城书院,为南乡人读书寄宿之所。

光绪七年(1881),辛巳,四十六岁。

五月十五日,女真真生。

章安叶少春来书聘修《金鳌山志》,著《金鳌古迹杂咏二十首》,选录,其一云:"北直愁云黯不收,汴州已失又明州。曾劳泥马仓皇渡,同上金鳌汗漫游。炊饼五枚充素食,烟岚一啸对清修。春秋大义垂天壤,第一分明在复仇。"其二云:"雷雨倾盆彻晓流,应天也要德能修。宸衷未尽登临乐,侍从方为续缺忧。不信神仙真有约,本来天子是无愁。"其三云:"临安驻跸乐雍容,恢复谁能立大功。肉食鲁庄无远略,偷安魏绛只和戎。冤埋铁案三字狱,盼断刀环怅两宫。长使骑驴湖上客,暗将涕泪洒英雄。"其四云:"何处重玄觅宝坊,满山松竹暗苍苍。翠华仿佛犹南渡,遗址荒凉已北邙。牡蛎滩头空落照,鲤鱼浦口半康庄。中兴事业随流水,绳武诒谋两可伤。"

又辑《金鳌近集》一卷,黄岩王棻为之作序。序云:"金鳌山者,海滨部娄也,往宋高宗避金航海驻跸于此。由是后之人来游来歌,莫不俯仰流连,感愤太息。于登山临水之中,寓述往思来之意,而好事者,复从而辑录之。盖自元卢伦迹峰始,有《金鳌诗集》一卷,明万历中其后人卢从典悟庵复为《后集》二卷。本朝乾隆中冯赓雪瑶田重为《续》一卷。凡兹三集,得诗百九十六首,亦既裒然成书矣。吾友黄君子珍得冯氏兰竹居写本,因采宋明迄于国朝咸、同之季。盖有以补二卢、冯君之书缺遗而续于其后。凡得诗五十二首,为《金鳌新集》,而属余序。余观二卢、冯君之书,采录猥多,不注出处,其鉴裁体例,未为精审。子珍尽矫其失,而是正其疑误,其为《新集》,仿厉樊榭《宋诗纪事》之例,元元本本,背有依据。虽篇帙不多,实渊渊乎撰述之才也。惜乎!世无相知有气力者,为延誉当道,推毂明延,置之承明、金马著作之庭,俾得舒闳,抱罗旧闻,以继美于前文人也。然子珍虽穷居岩穴,箪瓢不继,而撰述不衰,尝署其斋曰'述思'以见志。予将记之以示后人,而于此编姑发其凡云。光绪七年十二月朔日。"

光绪八年(1882),壬午,四十七岁。

是年,省试荐卷。

冬十月,于室之西构小斋曰"述往思来之室",撰"宁静致远,淡薄明志;隐居放言,穷愁著书"一联,悬之斋壁以见志。中聚乡邦掌故,凡数柜,为辑录《台州丛书》处,王子庄山长为撰记。

光绪九年(1883),癸未,四十八岁。

时王子庄孝廉掌教江西省垣经训书院,邮赠王鹤樵臬使(松龄)所书"黄溪隐居"额,王子裳(咏霓)书赠"溪南书藏"横卷。

是年,为郡城董枚臣明经校《蠡测》《网残》《虫雕》《焦巢》《云心》诸集。作《天一阁碑目补正》一卷,其自序云:"《天一阁碑目》一册,末附《续编》,计四十三番。盖四明范氏苇舟懋敏之所编,而竹汀钱太史大昕为之鉴定也,无卷第,亦不注碑之出处。其正编有一编两载者;有正编已载而续编复出者;有正续互载碑同而题少异者;有先书年月而后注撰书者姓氏;有先书撰书人姓氏而后注年月者;有间著撰隶书而正草书原不注者;有篆隶书亦不尽注者;有先后时代失次者。体例不齐,予甚病焉。因证以旧藏墨本及金石书,补其阙略,正其讹谬,汰续编之复出者,依次补入正编,第其年月,厘为三卷。匪敢争胜前贤,实欲实事求是,庶为他日谈金石者之一助焉。"

光绪十年(1884),甲申,四十九岁。

是年,马月轩封翁来请主讲正业书院。

取旧作散稿,删存之,为《秋籁阁诗略》八卷,自作书后云:"昔杨载云:'诗当取材汉魏,而音节以唐为宗。'信哉斯言。予年未弱冠即好吟咏,东涂西抹,诗日以多。弟学殖荒落,往往即景铺张,而与诗以言志之旨有悖。近颇知艰,又牵于世故,兼之从事金石,于是辍不复作者十年矣。厉斋无事,取庚戌以来旧作曰《枫江》,曰《梭山》,曰《鹭河》,曰《帚金》,曰《粲楼》,曰《江湖载酒》,曰《苍溪》,曰《东胜》,曰《闽游》,曰《停云》,曰《溪南》。凡十一集,删存四五,厘为八卷,题曰《诗略》。非敢示人,聊用自镜。若夫所裁汉魏以来,合乎唐之音节,则茫未有得,请更俟诸异日焉。王子庄、王啸林两先生为之序,葛逸仙兵部题词。"

十二月，为四弟续娶。

光绪十一年（1885），乙酉，五十岁。

是年，约宗人总修族谱，属天台陈刻工刻活字万余，并欲将生平所自著书概行刷印，以资本不继，遂停。其所作《临海黄氏世谱序略》云："山胜黄氏，上世居徽州歙县潭渡村。自九世祖启宇公以懋迁至台，娶上江张氏，遂自郡城若齐巷迁上江。寻迁南山，爱其山水之美家焉。传三世，生齿渐繁，谱牒无传。先是，曾叔祖益庵公创为谱稿，已而中止。先君子明星先生欲踵辑之，于是取各家藏祖考生卒年月，稽配葬，序世次，以汇成帙，将告族人刊定之，不幸于道光庚戌春见背。时瑞年才十五，欲勉成先志，自恨未能。续遭阳侯之虐，家成溪壑，并先君子手辑成稿亦复泯灭。呜呼！何其厄也！夫敬宗收族，固后死者之责，矧前人属草稿粗具，不幸未卒其业，竟听其散佚而无存，则不孝莫大乎是。因不揣谫陋，悉心访辑。检敝笥，得残谱数页，系先君子手辑初稿，虽零落不完，而中间行次犹幸十具八九，盥读之下，不胜感慰。乃喟然而叹曰："是予之责也。"夫前之人屡有志而未成，后之人复怠诿而莫继，则吾一本之亲，几何而不为湮没也哉。兹幸支分派别，尚有明征，则此敝笥中数页之存，其殆祖考呵护之灵，而使瑞不终抱憾于籍谈者乎？用是商诸宗长，因旧稿而增辑之，其生卒配葬之未入录者，再加稽考。其无从考者，存其名，仍其阙，仿古之宗法以序列焉。"

光绪十二年（1886），丙戌，五十一岁。

是年，家居，欲总终谱事。时予主持白岩寺正业书院，兄折梅花一枝予并赠诗曰："今年春较去年迟，春到梅花尚未知。忆尔出门初破蕚，迩来照眼正盈枝。每当仰屋孤吟候，难忘空山两地思。折取一枝远邮赠，可能和我草堂诗。"其二云："漫天云影暗迟迟，赤日西飞午不知。三径烟笼萝薜影,几分春上海棠枝。钟鱼隔院催遥夜,风雨空山起暮思。多谢元方能慰藉,书来索和草堂诗。"

光绪十三年(1887),丁亥,五十二岁。

是年,母王孺人七十晋三,兄率家人奉觞称庆,作《征诗寿略》:

> 太孺人姓王氏,考讳明选,世居旌节里之丰山,少称婉娈,长益端庄。迨归我先府君明星公,克尽妇道,为戚党所称重。先大父潜渊公在日,好读书,疏财仗义,以笃友于然诺。家渐落,府君幼孤,居贫不能就外傅,太孺人典簪珥助读。及府君授经乡里,一切米盐薪水,女布男钱,太孺人一身肩之,间以女红所入佐不足。先大母春秋高,齿牙蚤脱,凡蔬笋之属,太孺人必以肥脆者进,余啖儿辈,而自甘粗粝,率以为常。府君于五经四子书多所研究,每一艺成,辄荐老宿,然不利小试,居常危坐咄咄,太孺人必多慰解,而终不得遂其志以殁。时太孺人年仅三十六耳,不肖等皆童年,门祚单薄,外侮频来,雨虐风凄,室家欲毁。太孺人茹苦含辛,左支右拄,日惟课不肖等读,且泣且诲曰:"凡人惟学乃能自立,汝皆孤也,立正匪易。夫学尽力犹虑不逮,惜力将奈何?忠于君即所以孝于亲,敬于人即所以厚于己,尽其力,俟其命,吾妇人知是而已。"盖太孺人亦尝幼习句读,兼晓诗书大义云。及不肖瑞注名学官,太孺人始破涕为笑曰:'汝父之志,今得少伸,前程远大,此其初轫,慎勿以一衿自足,汝其勉旃。'语毕,复涕洟久之。不肖是时思以功名自奋,庶可以为堂上之欢,孰意病废,余生潦落至斯,而不肖璜、璹等亦屡困场屋,伏里田。时廑母怀,显扬无自,殊可慨已。太孺人生于嘉庆乙亥十二月廿二日,今年七十有三,精神强固,视听勿衰,含饴弄孙,常以为乐。兹当设帨之辰,谨述大概,伏乞当世立言君子,赐以序言,锡之歌咏,刊载家乘,为堂上光,则不肖等世世感且不朽矣。

同人贺诗颇盛,王子庄先生作序,陈少寅外翰为书屏。

九月念八日,女瑟瑟生。

十月廿九日,瑟瑟殇。

光绪十四年(1888),戊子,五十三岁。

五月初二日,张翌庭将卫署李公清标聘书,至初四日,往卫署馆中,与友往来,唱和颇盛,如浦江戴兰畴广文,鄞县郭传璞孝廉,长沙郑兰樵赞府,邑人彭曼孙、叶鹤帆、王未斋、王梅士,天台张不瑕,黄岩王啸林、姜恭甫、王子庄诸人,其尤多者也。所著有《憩轩诗存》四卷,自为序曰:"予自闽游归,归后息影黄溪,校纂金石及乡邦掌故,不复作五七言诗,即有所为,率皆应酬,不甚留意。光绪甲申主讲正业书院,尽取旧作,删存之,为《秋籁阁诗略》八卷。乙酉以后,都不复存稿,存者亦附记于篇端纸尾而已。今夏应李石堂卫守聘,安砚西窗之偏,旧颜为'竹林清憩'。盖张莲生郡博为前守卫官阮玉堂所名,地极清旷,前有方竹数竿,萧疏可爱,暇时辄手一编,其下恍然神游七贤间,不自知身之在羁旅也。一二旧友间以诗事相娭,兼之感事怀人,复稍稍从事,积成卷帙,不忍弃置,因取向之附记于篇端纸尾间者,得数十首,益以近作,题曰《清憩轩诗存》。曷为"清憩"?志地也;谓"诗存",不复抉择也。他日携归溪上,将与缙、绥诸侄重讲竹林故事。披而览之,知老兵虽无所用于世,尚能志意驰荡,不致作穷途之哭者,赖有此耳。"呜呼!其亦可悲也矣。集中与王啸林唱和至二十五叠韵,共得诗百首,题曰《海上同音集》。王子庄先生为之序,序曰:

> 唱和次韵始于元白,江湖间转相仿效,目为元和诗体。其后皮、陆有《松陵集》,宋杨、刘等有《西昆酬唱集》,苏、黄等有《坡门酬唱集》,元顾瑛有《草堂雅集》,周砥、马治有《荆南唱和集》。自明以来,此风尤盛,唯国朝袁子才言诗不喜次韵,谓非风雅之正轨,殆亦藏拙之一道乎?家小明经与临海黄子珍茂才对月相怀,往复酬答至二十五叠韵,共成五言律诗一百首,颜曰《海上同音集》,所谓"二十五弦弹夜月""一弦一柱思华年"者,非欤?予读

二君诗,见其深思悱恻,情致缠绵,直欲压倒元白。而见猎心喜,欲为东施之颦,乃搜索枯肠,竟无一字,遂为子才之藏拙焉。昔伯牙学琴于成连,三年而未有得,成连乃与偕至海上,而身刺船往迎其师,旬时不返,伯牙忽闻海水之音,悟而作歌,命曰《水仙操》。其后伯牙善琴,钟子期善听,高山流水,千载传为美谈。然子期徒能听之而未能和之也。今二君同居海上,同好吟诗,十旬之间,更唱迭和,同声相应,得诗百篇,以视伯牙之独歌无和者,不可同年而语矣。古人云:'得一知己,可以无恨。'今二君之相知如此,虽穷居终老,未为不遇也。况乎考献征文,各耽撰述,其后亦未必不遇耶。予既自惭力不能和,窃愿附钟子期之末,因序于其后云。"

王啸林先生自有跋,此集在长兄没后,啸林先生用聚珍版印成以慰知己者。

光绪十五年(1889),己丑,五十四岁。

是年,仍留卫署。正月十八日到署。

二十日,得寒疾,病甚。

廿二日,舆归。

廿六日,寅时,卒于正寝。至二月初四日殓,面色如生。以予长男缙承祀成祀。

兄自幼留心桑梓,著书不下数百卷,卷皆为吾台志乘所必需,人皆无不知者。惟于家庭之事,往往隐为周旋,不令人知,亦若有不得宣诸人者。兄长予五岁,善珍摄,身颇强健,予善病,恐年不及兄,讵知健者亡而衰者仍存也。兄没迄今三年,遗编虽在,中多散佚,予失守之过也。顷与季弟子炜及儿辈,重为整理,取其所自志于篇端纸尾者,征之平昔所为记忆之事,笔之如右。光绪十八年壬辰,正月下浣,胞弟璜谨志于岭西草堂。

按:先生遗著,抗战前由项士元先生与子渔先生之裔懋民妥商,寄存临海县图书馆,解放后改归台州专区文物管理委员会,近由临海县文物管理小组保存,其他有关乡邦文献之书百数十种亦附焉。

黄子珍先生行略

先长兄讳瑞,字玉润,号子珍,一号蓝叔,别号述思斋主人。协中公孙,育公长子。精诗古文词,兼善篆刻,醇厚聪慧。九岁从先严于外,日尽课程,无烦惩督,诸生间怡怡然。长者有饷遗,留以馈诸弟,虽久弗食也。先严时晓以古人嘉言懿行,辄默识不忘。闻乡先辈遗行,必以小簿条记之,作为文章,清妙有条理。年十四,侍先严馆归,先严患病笃,与母王孺人侍汤药,晓夜焦劳,不解带者月余。明年正月初二日,先严卒。兄极哀痛尽礼,与母王孺人侍八旬继祖母。虽忧危困苦中,必以和颜进。时内忧未息,外患又侵,兄处之泰然,愈自刻励读书,以期毋负先人遗命。十五为童子师,或劝以弃儒习贾,兄额之,终不易其志。咸丰庚申,丹徒张文贞公督学莅台,校士古学,以"花亨泰"题命赋,皆黜落,惟兄与黄邑王君蚬拔取,遂补弟子员。次年,文贞公复按部至台,以女公子妻兄,戒以性命之学,盖所期者甚大。不幸冬遭寇变,文贞公闻警还杭,殉难。女公子思亲病瘵,兄百方疗治,竟不起。郡陷,明年大兵东下,兄奉义旗,会攻郡城。既克,郡守上其功,授职训导。岁丙寅,授经郡城,远近之士争一见为快,其未及见者,亦或邮书相赠,往来不绝。时予长男灵根病目,兄尽夜祈祷,羔赖以痊,而兄反以劳致疾,左目竟至失明,于是进取之志稍懈,遂专心著述。聚书一室,颜曰"述思",撰"宁静致远,淡泊明志;隐居放言,穷愁著书"一联悬之斋壁以见志。搜讨之勤,无间寒暑,有关桑梓者,莫不采录。故片纸只字,盈箱充笥,以至嵯岩、涧谷、古刹、荒祠、废冢、断碑、残碣亦必亲往,一一摹拓为快。兄为人静默,事亲孝。与弟友析居后,视予家食指繁多,每省己以分润,视侄犹子,教养兼至。尝为季弟谋娶初续二次,皆兄一己经理,人问之,则曰:"二弟分凑其家。"庭间隐德,悉类此。每以宗谱未修为憾,旧稿残缺,诣各家庙抄录。至诸父行状，必访老成，然后笔之。族有自尊名分、强僭祀产者，为兄所正，无不敬服。有惑于青鸟之言，以妇私葬高高祖坟首，众莫之争，兄喻以生人祸福之故，遂移去。乡有不平事，皆折中于兄。辛未，郡守刘公璬、邑令黄公敬熙招修志乘，兄拟志稿若干卷以进，皆称善。时白岩寺僧，不守清规，兄同族兄琮、马封翁梯云将高祖坦庵公舍寺中山千余亩，拨立义塾正业书院。甲戌，应邑人李石屏司马之招，游幕漳州，有赠主人句云："饶有长才堪借箸，即今沧海已安澜。"是年著有《漳江集》《闽游草》《闽游纪程》诸作。戊寅，为叶茗园呈请上宪，禁止黄溪上游清潭为放生池，并为撰记溯石，又以大父潺渊公所置廿五塸塘一例请禁。己卯冬，群盗四起，防兵往来扰民，有诈章某金者，兄告知郡守协戎，为罚哨弁，取金还章，横暴以靖，众咸称兄善。庚辰，又将蓄积余资买郡城白云山下某姓别墅，创为义城书院，为南乡人读书处。岁丁亥，母氏王孺人七十晋三，兄率家人奉觞称庆，作《征诗寿略》，王子庄孝廉撰序，陈少寅外翰书屏。戊子，应卫守李清标之聘，所著有《清憩轩诗存》四卷。次年，仍旧应聘，于正月十八日到署。二十日忽得寒疾，甚剧。廿二日舆归。廿六日寅时卒于正寝。以予长男缙承祀成服。原配张文贞公三女，出一女纤纤，继配金氏，出二女真真、瑟瑟。纤纤、瑟瑟幼殇，真真今未字。呜呼！大年莫假，所志未遂，惜哉！遗著有《秋籁阁诗略》八卷、《清憩轩诗存》四卷、《台州金石录》二十四卷、《台故日札》三十五卷、《临海古迹记》十卷、《天台后集》十六卷、《赤城三集》三十二卷、《台州名媛诗辑》五卷、《词辑》一卷、《康熙临海县志补遗》八卷、《康熙临海县志校勘记》二卷、《临海沿革表》一卷、《临海著录考》六卷、《临海金石录》四卷，余书目录悉载其自编家谱中。光绪十七年仲秋中旬，同怀弟璜、璘谨撰。

予撰长兄行略成，更不禁有所感焉。回忆昔日，兄尝与予言："士生于世，当以豪杰自待，则穷困拂逆，皆磨砺英雄之具，欷歔抑郁何为耶？予之生平刻苦自励，不为利害所动者，固不欲碌碌终耳。不幸天

以疾废我,既不克奋志功名,又不甘委身沟壑,窃惟古人隐居之旨,其
庶矣乎。自今而后,将与汝结茅数椽于粟园之偏,聚书万卷,采摭遗
闻,网罗散佚,朝夕其间,奉亲课子,以终余年。纵无益于世,似可告
无罪于天矣。想天或当鉴我也,汝其玉成我可也。"嗟乎,兄之自待者
厚,故其所勉于予者深,予苟稍知自爱,则埙吹篪和,岂无所成就者?
今兄中道而殁,不得少偿其愿,予又因循暴弃,不农不士,无所自树于
人世,有难兄而无难弟,则信乎两美之未易合也。岂天故欲穷之耶?
予之不仁也。三复兄言,不觉泪汗交下矣。璜又识。

附　录

秋籁阁访书记

（黄璜《黄子珍先生年谱》）

项士元

秋籁阁，黄子珍茂才（瑞）藏书之庐也，在临海南二十五里，地名山胜，亦名黄溪，颇占山水之胜。子珍笃学嗜古，留心乡邦文献，兼精研金石，工篆刻，及诗、古文、词，著作等身。清同治间，学使丹徒张星白（锡庚）按台得其卷，大加称赏，以其兄之女守仪女史（娴）妻之，一时传为韵事。今子珍殁已三十余年矣，身后之嗣所藏金石书画，陆续为水潦及强有力者侵捲，予心惜久之。今岁秋南归，侍家大人病，旋值农获，出乡留田庄二旬余，庄舍距阁不二三里，因不时过阁访问，流风遗韵，幸犹有存，爰志之以存台南文献。

山胜向为黄氏聚居之所，黄氏之庐尤以上下二台门为著。下台门建于清乾隆初叶，有传经楼黄诚斋太学（鸣岐）聚书处也，黄岩王龙文进士（铭锡）、天台徐桐山广文（秉文）、临海秦沐云孝廉（锡淳）均曾教读其间，造就颇盛。上台门为诚斋子质庵、坦庵昆季所建，即秋籁阁所在也。阁在长发堂之右，榠穴二窗，南瞰佛窟诸山，俯视粟园，翠竹苍松，间以杂树，风过屑屑骚骚，萧槭相和，秋籁之名，诚允矣哉。

子珍所居屋舍甚广，有爱日草堂在阁右，聚书数千卷，亦称"溪南书藏"，江浣秋学博（培）为记，孙欢伯明府（熹）、王子裳太守（咏霓）均为书额。又有述思斋在草堂之西，中聚乡邦掌故诸书，子珍尝自署楹帖云："澹泊明志，宁静致远；隐居放言，穷愁著书。"子裳并为之记。

今草堂及斋均因宣统辛亥洪水，相继圮毁，子珍读书遗迹，惟此秋籁阁耳。阁之建筑，虽规模未宏，但甚幽胜。子珍与弟子渔、子炜读书作画，恒亦在此。当时秀水蒲作英(华)、黄岩周松溪(省山)、安洲汪民沾(广泽)辈且各为之图，子珍所作印谱、笔记暨诗、古文、词，亦均以秋籁阁名，其取重也，盖岂一朝一夕乎？

阁近渐就圮，地板多离立，震撼有声。子珍之犹子敏夫寝馈此间，沟划各半，为炊爨、悬榻之用，窗上稻薁披垂，用代檐瓦，状至可悯。敏夫名体元，子珍弟子渔之仲子，诗得家传，亦留心文献。今年五十有九，迄未娶室，当清末叶，科举废未久，即偕其兄寿夫(缙)倾私赀，创立雨水小学，并身任讲授，近以功令所限，设帐邻村，训蒙自给。君于先人遗墨备极珍惜，劫余之稿，幸得保存一二。予向借观，承慨许，并以发扬文化相勖，尝赠诗四章，记其末二章云："谁为绝学共扶轮，桑梓搜罗又得君。此日来登秋籁下，欣承慰问到斜曛。""自离乡校作余生，两耳年来熟令名。不畏萧条四壁冷，还期小住听秋声。"

秋籁阁所藏今犹完好者，以子珍所撰诗文稿、印稿及《秋籁阁》、《黄溪渔隐》二图卷为最足珍，乡先哲之著有《五岳游草》等残卷多种，查子珍自著之书，多至数百卷。其书名之可考者，计有《四书异文考》一卷、《明朱白云长史年谱》一卷、《戚友菊侍郎年谱》一卷、《重订明陈忠节公年谱》一卷、《印人传》一卷、《郡邑韵编》四卷、《康熙两庠遗戍始末考》三卷(按上卷遗戍始末，中卷小传，下卷诗文)、《清台士登科考》一卷、《康熙临海志补遗》八卷、《校勘记》二卷、《临海沿革考》一卷(按自注云："此同治辛未岁重修志底也，与封、赠、恩荫、流寓四项，并洪奏九承纂，洪遭母丧不赴局，因以事嘱予，卷中仍列洪名，实则全稿予为代纂，今惟此尚存副墨耳。")、《光绪临海志拟稿》若干卷、《金鳌山志》一卷、《盖竹山志》二卷、《临海古迹记》十卷、《台故日札》三十二卷、《三台著录考》若干卷、《临海著录考》六卷、《传经堂书目》四卷、《天一阁碑目补正》三卷(按此书为鄞县郭传璞晚香携去，允为授梓，今未见，子珍自序略云："四明范氏苇舟懋敏编《天一阁碑目》，体例不齐，因证以旧藏墨本及金石诸书，补其缺略，正其讹谬，汰续编之复出者，依此补入正编，第其年月，厘为三卷。光绪九年秋月。"）、《全浙访碑录》六卷（按黄岩王啸林维翰称此书宏博绝丽，洵为必传）、《述思斋金石丛》不分卷、《台州金石录》三十卷（按此书近吴兴刘翰怡刊入《嘉业堂丛书》）、《临海金石考》四卷（按自注云："此与《康熙临海志补遗》暨《校勘记》《沿革表》《著录考》并分修《临海续志稿》也。同治壬申秋，属稿初成，而郡守刘公璈、黄公敬熙先后迁秩去，缮呈有待，而余亦归经事者，苦其浩繁，请于新守郭谷斋删之。余所撰惟此数种，尚留副本。"）、《钱忠懿王金塗塔考》二卷（按此塔今藏临海张家渡金氏）、《台州书画识》十卷（按此稿今藏予寒石草堂，系购自叶氏荫玉阁）、《秋籁阁印稿》八册（按秋籁阁藏缺第七册，闻所缺一册系太阳山谢咏雪借去）、《印丛》四卷（闻在谢咏雪家中，今秋籁阁仅存残帙）、《钱文考略正编》三卷、《新编》《别编》各一卷、《外编》二卷、《附编》一卷（自注：《正编》始秦惠文至明唐王弟聿鐏，《新编》国朝制钱，《别编》历朝伪品，《外编》俟考品外夷品，《附编》压胜吉语品）、《名言撷闻》一卷、《宜子斋琐识》一卷、《秋籁阁笔谈》八卷、《诗略》八卷、《文略》四卷、《外集》四卷（按各稿均藏阁中）、《天台后集》十八卷、《赤城三集》三十卷、《台峤文征》不分卷、《临海诗辑》二十卷（按此稿予寒石草堂有残帙）、《黄氏五世吟稿》十五卷（按凡黄为霖、黄为光、黄为金、黄沄、黄和中、黄懋中、黄致中、黄育、黄锡纯、黄瑞、黄瑛、黄璹、黄缙等十数家，王维翰为序）、《金鳌新集》一卷、《近集》一卷（按补卢伦、卢崇典、冯赓雪等之缺遗，王棻为序）、《三台名媛诗辑》四卷、《续》三卷、《词辑》三卷（按此书周少谦梓行）、《清憩轩诗存》四卷。

　　子珍辑著之多，近代邑人无出其右，黄岩惟王子庄、王玫伯差足拟之。其书之已梓行者，兹不再赘，写本颇多名贵，节录如下：《秋籁阁印稿》王子裳《序略》称所刻诸体悉备，不相混淆，书卷之气，时溢楮墨。又蒲华作英、徐镛友笙等题词，作英题云："千秋文字勘金石，一片丹心自古今。久历冰霜成铁骨，他山攻玉更情深。"友笙题有"珠贝双睛眩,尊彝满纸阵"一联。《秋籁阁诗略》王子庄序称:"子珍诗大,本在忠孝,立志在千古,所守甘贫贱,诗律成一家,卓然可传。"蔡仲吹谓:"笔无俗氛,殆得秋气之清。"据自序此稿系光绪十年主讲正业书院时,取庚戌以来旧作,删存而成。计分《枫江》《梭山》《鹭河》《帚金》《粲楼》《江湖载酒》《苍溪》《东塍》《闲游》《停云》《溪南》十一集。又有《清憩诗存》四卷,作于光绪十四年内,多感事怀人之什,原竹林清憩为台州卫厅事旧额,李石堂任卫官,时子珍应招入幕,诗皆作于幕中,故以清憩名,有自序,及彭曼孙际炎题词。又子珍所作《康熙临海志人物补遗》及《临海志金石考》皆有裨乡邦文献,原本虽皆未见,自序具见文略中,据云前书应杨蕉隐(晋缙)总纂邑志,命校异同,乃广证史志及素所辑录,条举秩官遗脱,为是书。《临海金石考》因嘉靖、康熙二邑志并缺金石,《乾隆省志》复存佚不分,因仿施宿《嘉泰会稽志》、徐硕《嘉禾志例略》,著其目,其有目无碑成,碑存不及见者,别为"阙访"一卷。复经伯丹(书)重加补订,《临海县志》"金石"一门极称美备,近印志稿,闻因总纂何公叔堂与分纂朱君秀夫意见相左,金石竟全摈斥,亦足慨矣夫。

　　秋籁阁所藏关于子珍自著之书,略如前述。又有《秋籁阁》及《黄溪渔隐》各图题咏册,先贤题墨,炳炳琅琅,弥堪珍宝。据敏夫云,此项墨迹向亦藏述思斋中。宣统三年,水没檐际,与所藏书籍同遭沦溺,水退后,检点腐烂纸堆,始剔取重曝,存此残帙,是诚神灵所呵护欤。《秋籁阁图》凡四,子渔一幅写最后,笔亦较逊,作英所作尺幅之中,局度舒展自若。予向所见蒲老之画,篇幅之小,罕逾于此。图有王子裳咏霓序略云:"黄子生长松之阁,画而咏,有声自林际来,倾听之意,甚也。"因以"秋籁"名其阁,各家诗词甚多。张文贞锡庚之子文霖郎中亦有留题,邑人如周孝璜、李明经用仪、叶上舍梦夔,其诗世甚罕见,斯册均备,兹子珍、子渔昆季自题如下。子珍题云:"绕屋青山带雨痕,丛篁深处古乡村。故人想忆如相访,一叶扁舟直到门。""结习三生悔未除,华年孤负此幽居。何时了却尘缘累,容我焚香读异书。"子渔客章安，写《秋籁阁图》，寄子炜四弟并题云："瓜皮一叶枕溪流，绕屋青山欲变秋。水复山重人不到，白云飞上碧山头。"（一）"如此溪山足卧游，那堪客里久勾留。还当买个南归櫂，同尔联床夜听秋。"（二）

《黄溪渔隐图》子渔自写，王维翰啸林为序，有"子渔数泽自爱，窒衡弗居。弟兄廉让，咏读溪浒。山衣田冠，号散人云"云云。图中题者数十家，今所得忆者仅数家，陈兰叔载澧题云："何须匹马走天涯，居士清凉共一家。钓罢归来深竹里，一枝老笔自横斜。"黄颂堂锡纯题云："溪水清且涟，之子雅不俗。击楫唱高歌，来往黄溪曲。鸥鹭结芳邻，扁舟稳似屋。托迹烟波中，存心本君国。吾怀尚父师，如君岂其属。"敏夫亦题有四绝句，作于光绪癸巳秋。其时年尚稚也，诗分四时，予尤爱其末章"陡起寒流棹雾色，橹声咿哑雪中来"一联。按子渔名璜，子珍次弟，工写山水，并好吟咏，著有《泊云巢画录》二卷，《爱日草堂诗文稿》三卷、《黄溪渔隐稿》二卷，辑有《历朝题画诗选》四卷。子珍又有《空山访碑图》，未见，仅于《秋籁阁诗略》见有自题空山访碑图诗一首，诗云："寒鸦齐上墓门飞，碧涧新凉透葛衣。一路蝉声斜照里，六朝松下访碑归。"按子珍撰《台州金石录》，搜罗浩博，秋籁阁原藏金石拓本及古砖甓甚多，今拓本早为波臣毁去，古砖皆埋于颓垣荒陇间，间有残拓，亦蠹蚀鼠啮，随之古物沦没，与宋氏古铜爵书屋、洪氏小停云山馆、郭氏八砖书库、叶氏荫玉阁同可慨唏。

子珍工刻印，致目疾，用力可谓甚劬。子裳太守序《秋籁阁印稿》言之已详。其所镌私印颇多，有曰"秋籁阁主""华严山下人家""家居产圣村""黄瑞借读""一恨名山未游，二恨异书未读，三恨美人未遇""溪南书藏""金石刻画臣能为"，各印刀法字体不一，大小殊致，而最精细之作，厥惟其张夫人所治三印，文曰"丹徒""张娴""守仪女史"，印皆极小，字画如丝，洵闺阁中之雅玩也。

秋籁在昔，四壁遍粘时贤诗翰，今虽无此盛观，遗墨尚保存，残缣零帙，纷如束笋，写作多佳。张文贞寄子珍书，谓其天分高，性情厚勗，以读经看史不为方隅限。王子庄书往复颇多，内有一通，谓《金城斋四书正义》似欠宏深，以不刻为是。《周叔笃书略》云："比来殚思重译，得以深窥西法，甚慰夙嗜，虽讥异学，亦所不辞。"《郎仁圃书略》称："吾乡文献宋确山、郭石斋两先生为大宗，黄润川、宋心之、程心树、李宇谷诸先生，均能留心考征，嗣是已寂寂矣。"得执事起而张之，王啸林书称甚，诗学养功深，酷肖浣花老人，其他戴咸弼、叶梦夔、江培、杨晨、王彦威、张绮、王魏胜、王咏霓、蔡篯、郭传璞、姜景华等十数家，诸所往还，亦关学术，惜未及一一节录也。

子珍著述之暇，并辑有《黄氏世谱》，综凡十三卷，缺序文及诗外编，聚珍板印卷帙散乱，尚未及订。盖辑印垂成，而即逝世也。谱中生卒时事考、祠祀志、居徙录，多为他家所未备，生卒时事考本之纪文达，特彼兼谱妇女之卒，兹从缺耳。

秋籁阁收藏乡贤著述颇夥，子珍辑录可传者百种，名《台海丛书》。清光绪间重修郡邑志，藏书多借入志局，遂久假不归，间亦有为叶伯丹、谢咏雪诸家取去。宣统三年，继以大水，所遗之书，悉被浸没，渐至腐烂废弃。今阁中所存乡邦书籍甚鲜，予以家藏颇备，亦未及详询，惟见《五岳游草》残卷二册，有子珍跋，谓"此书卷一五六两番多缺，仅李氏狷石居所藏为足本，假以补钞，子渔并为绘图"云。写本有忻如山撰《周易尚象一家言》。此书原稿今藏予家，不具赘焉。

秋籁阁之前向多花木，梅墅梨径均在粟园，坦庵上舍所植木犀亦在阁外，今梅、梨、木犀俱无存。惟芙蓉一树，尚花开自若，予有《芙蓉吟馆遗址见芙蓉》一章，云："琅函多少付洪流，吟榭荒凉木落秋。独有芙蓉恋旧主，浓妆犹是倚窗头。"

予向嗜书，于藏书故家尤喜访问。十余年来，戎马驰逐，兼好为政论，足迹疏远久矣。此次过访秋籁阁，所得印象尤为凄悲，阁主黄敏夫体元贫病衰老，孑然一身，既承借观，复荷宠待，临别叮咛，以子珍遗书湮晦，墓石未表，引为奇憾。噫！斯非敏夫一家之憾，实亦吾台人士全体之憾之咎也欤！

民国临海县志·文苑传

黄瑞,字玉润,一字蓝叔,号子珍。弱冠受知于张文贞公锡庚,入邑庠,申以姻好,性好古,工篆刻,成《秋籁阁印稿》八册,《印从》四卷,以此致目疾,自伤残废,遂绝意进取,专求乡邦文献。同治辛未,邑令黄公敬熙聘瑞同修县志,考订尤详核。癸酉,游幕闽南,以母老周岁即归,殚精著述。光绪己丑卒。著有《四书异文考》一卷、《台士登科考》一卷、《全浙访碑录》六卷、《天一阁碑目补正》三卷、《清郡邑韵编》四卷、《三台著录考》若干卷、《述思斋金石业》若干卷、《天台后集》十八卷、《赤城三集》三十卷、《台峤文征》若干卷、《临海诗辑》若干卷、《三台名媛诗辑》正续编七卷、《词辑》一卷、《台州书画识》十卷、《盖竹山志》二卷、《金鳌新集》一卷、《金鳌近集》一卷、《康熙两庠遣戌始末考》三卷、《金一所先生年谱》一卷、《戚友菊侍郎年谱》一卷、《朱白云长史年谱》一卷、《重订陈忠节公年谱》一卷、《台故日札》三十卷、《秋籁阁笔谈》八卷、《名言摭闻》一卷、《宜子斋琐识》一卷、《钱文考略》正续编八卷、《金塗塔考》二卷、《秋籁阁诗文略》若干卷、《清憩轩诗存》一卷。(采访册)

民国台州府志

黄瑞,字子珍,临海人(《两浙輶轩续录》)。年弱冠,以《花亨泰赋》受知于学使张锡庚,补诸生,旋妻以兄女(《台诗待访录》)。性嗜金石,工篆刻,成《秋籁阁印稿》八册,以此致目疾(王咏霓《秋籁阁印稿序》),自伤残废,遂绝意进取,专好乡邦文献。同治十一年,临海令黄敬熙聘同修县志,瑞考订尤详核,寻游幕闽南,以母老,周岁即归。光绪十四年卒。著有《四书异文考》一卷、《国朝郡县韵编》四卷、《钱文考略》八卷、《金塗塔考》二卷、《天一阁碑目补正》三卷、《全浙访碑录》六卷、《台州金石录》三十卷、《台士登科考》一卷、《三台著录考》若干卷、《天台后集》十八卷、《赤城三集》三十卷、《台峤文征》若干卷、

《临海诗辑》若干卷、《三台名媛诗辑》七卷、《词辑》一卷、《台州书画识》十卷、《盖竹山志》二卷、《金鳌新集》一卷、《近集》一卷、《康熙两庠遗戍始末考》三卷、《金一所先生年谱》一卷、《戚友菊侍郎年谱》一卷、《朱长史年谱》一卷、《重订朱忠节年谱》一卷、《台故日札》三十卷、《秋籁阁诗文略》若干卷。(《光绪县志稿》)

临海黄子珍生平及其著作

(《浙江省通志馆刊》第 1 卷)

项士元

　　先生讳瑞,字玉润,号子珍,一号蓝叔,临海人。祖协中,考育,均潜德不耀。先生生于道光十六年丙申(1836)。九岁,从其父读于邻村抗广桥马宅,日尽课程,无烦惩督;长者有饷遗,留以馈诸弟,虽久弗食也。越二年,其父改馆温家奋,先生仍从读,遇晓以古人嘉言懿行,辄默识不忘;闻乡先辈遗行,必以小簿条记之。年十三,始随父学为文,下笔即清妙,有条理。次年,父在岭下金氏书塾患病,先生随侍返舍,与母王孺人侍汤药,晓夜焦劳,不解带者月余。十五岁,父卒,其从叔增美、增芳为延傅作梅茂才主家塾,先生愈刻励读书,以期毋负先人遗命。次年,其从祖启源公以其上有母及继祖母,家贫不足仰事,荐为郡城罗姓童子师,或劝以弃儒习贾,先生额之,终不易其志。

　　咸丰庚申,丹徒张文贞公锡庚莅台校士,以"花亨泰"题命赋,众皆黜落,惟先生与黄岩王子裳蜕(后改名咏霓)录取,遂补弟子员。次年,文贞公复按部至台,以女公子妻先生。时粤氛方炽,文贞公邀绅士登四照楼议防剿事,先生赋诗曰:"闲插绿杨朝试射,高烧红烛夜谈兵。"众壮之,而公则重戒以性命之学,盖所期者甚大也。

　　乙丑,黄岩蔡子绥孝廉、蔡恭生学博闻先生博雅好古,卑礼厚币聘先生至其家课读。丁卯,因其犹子灵根病目,尽力调护,得目疾,是年,乡试荐而未售。辛未,台守刘兰洲璈、邑侯黄曙岩熙延入志馆,任分纂。先生博考群书,成《康熙临海志》补遗八卷、《校勘记》二卷、《沿革表》一卷、《著录考》六卷、《金石录》四卷以进，皆称善。次年，刘太守黄邑侯均迁秩去，先生亦归，仍扃户事纂辑。甲戌春月，漳州李云石司马屏来聘，先生迫于家计，毅然就道。是年，著有《漳江集》《闽游纪程》诸书。

光绪乙亥，郡人洪子和茂才凤銮延至小停云山馆课读，茂才为筠轩大令颐煊之文孙，家藏书画金石甚富，先生设帐是间，课暇发箧钻研，学益进。是年周少谦上舍为刊《三台名媛诗辑》。戊寅，溪口马氏具书币聘纂族谱。辛巳，章安叶氏聘修《金鳌山志》，义例皆极精严。壬午，先生年四十七岁，因戚友之敦促，复赴省试，亦以额满见遗。是年冬，先生于室之西，构小斋，题曰"述往思来之室"，并撰"宁静致远，淡泊明志；隐居放言，穷愁著书"一联，悬斋壁以见志。中聚乡邦掌故，不下数千卷。自此专心著述，搜讨无间寒暑，于桑梓文献暨金石致力益劭。凡崏岩、涧谷、古刹、荒祠、废冢、断碑、残碣，亦恒亲往一一摹拓。甲申，主讲正业书院，删定历年诗稿为《秋籁阁诗略》八卷，王子庄棻、王啸林维翰为序。次年，纂修宗谱，并鸠集刻工刻活字万余，谋印《秋籁阁丛书》，以资本不继中缀。戊子，李清标司马聘至卫署，浦江戴兰畴广文、鄞县郭晚香孝廉、长沙陈兰樵赞府，及黄岩王子庄姜恭甫王啸林、天台张补瑕、邑人彭曼孙叶鹤帆王未斋辈，常与往还唱和，有《清憩轩诗存》。越年得寒疾，舆归，未数日即卒，享年五十有四。

先生醇厚聪慧，性孝友，精诗古文词，兼善篆刻。家虽不及中资，然急公好义，尝将其高祖坦庵所舍正业寺之山地千余亩，拨充正业书院。又将余资购买郡城白云山麓洪氏别墅，创设义城书院，为南乡人诵读。生平著作甚多，除上述外，又有《台州书画识》十卷、《台州金石录》二十四卷、《台故日札》三十五卷、《临海古迹记》十卷、《天台后集》十六卷、《赤城三集》三十二卷、《金鳌近集》一卷、《戚友菊侍郎年谱》一卷、《国朝台士登科考》一卷、《三台士族表》一卷、《印人姓氏考》一卷、《秋籁阁印丛》八卷、《台山访碑录》二卷、《两浙访碑录》一卷、《秋籁山房随笔》若干卷、《红豆盦词钞》一卷、《秋籁阁文稿》二卷、《传经楼书目》一卷、《补正天一阁碑目》一卷、《黄氏世谱》五卷、《台郡诗辑》若干卷（按各书仅《台州金石录》及《三台名媛诗辑》二书已刊，其余各稿，今均寄存临海县立图书馆）。

秋籁阁藏书记
（《浙江省通志馆刊》第1卷）
项士元

　　秋籁阁者，邑先辈黄子珍茂才瑞藏书之所也。茂才字玉润，一字蓝叔，子珍其号也。弱冠，受知于丹徒张文贞公锡庚，入邑庠，并以其兄锡龄太守之女妻之，一时传为美谈。茂才性好古，工篆刻，兼好搜聚乡邦文献，当时台中劬学之士，如黄岩王子庄孝廉、王啸林明经、姜恭甫广文、天台张补瑕征君、邑内叶伯丹周少谦二上舍，茂才皆获与交；子庄、伯丹诸先生，尤熟谙乡邦掌故，聚书亦多，茂才咨访借钞，无问寒暑。洪氏小停云山馆，为筠轩先生颐煊故庐，庋藏书画，著称浙东。茂才应馆主子霞茂才之聘，寝馈其间，课读数年，馆中所藏金石书画及清代名儒手迹，悉为玩览，间加札录，因之学日益博，著述亦日富。同治辛未，邑令黄敬熙聘分修县志，局内关于乡哲遗著，暨郡邑文献，搜罗甚备，尤以潘氏三之斋所藏，更为珍贵，其书为郭石斋茂才协寅八乾精舍旧藏，皆台贤撰著之旧椠精抄，茂才编辑之暇，手为移录，石斋撰写之稿，亦间多访得。今三之斋久遭灰烬，叶氏荫玉阁遗书尽散，小停云山馆所藏，亦迥非如前之旧，其得流传未泯者，赖有此耳。阁在邑南黄溪之滨，地名山胜，盖黄氏老屋之西楼也。其下有爱日草堂及述思斋，阁前为栗园，杂桂蓉桂，每值九秋，西风瑟瑟，寒苑竞放，景至幽寂，茂才与介弟子渔，读书吟诗其间，有时钩摹金石，研讨文字，书声与天籁相应，视欧阳子夜读，其趣殆更胜焉。阁旧有图，题咏不下数十人，原帙今藏于家。所藏旧籍，向达数千卷，辛亥之水遭浸溺者颇夥，阁亦垂圮，幸阁主敏夫勤加葺治，断简残编，得以传垂至今。去冬，阁主以里中豪强，屡萌觊觎，盗窃时闻，走商于予，予虑茂才毕生之搜聚，恐将流为村邱野竖覆托之需，爰怂恿寄储于邑馆，阁主慨然允诺，县长庄公，暨图书馆长孙君一影，亦深喜台贤文献之历久未坠，而嘉黄氏之有后也，乃纳阁主之请，并延小主人懋明赞司馆事，书除通常刊本外，凡子珍茂才编著之书八十许种，乡贤撰著四百余种，多为海内孤本。世之敬恭桑梓，留心文献者，幸其爱护焉可！建国三十二年春月，邑后学项士元谨识。

述思斋记
（王棻《柔桥文集》）
王　棻

　　夫千秋者，人与人相续而成者也。前者既往，其书存则往者不往；后者未来，吾书传则来者日来。千秋虽远，而前圣后贤，日往来于吾怀抱之中，如与同堂而处，接膝而谈也。此古之志士名人所以日沉酣于书籍之浩浩，而流连忘返也欤！吾友临海黄君子珍，幼有异禀，笃志经籍，尤留心于乡邦掌故，年未艾，著书已百余卷，皆可行世传后，而名其斋曰"述思"。复属予为之记。余惟太史公作《史记》，其末篇自序，括以两言曰："述往事，思来者。"此史公之闳识孤怀，独有千古，而子珍所为窃取以自比者耶？夫史公官柱下，父子相继纂其职，天下遗文古事，靡不毕集，发策成编，犹为易易。若乃窃居乡僻，藏籍不富，闻见不多，闵市借人，口诵手抄，疲精劳神，晓夜不辍。非至笃好，乌能如是之勤且专乎？然则子珍之所为，视史迁为尤难矣。吾台自宋以来，陈司业耆卿、谢文肃公铎图志文献，灿然大备，诚得黄君之贤，纂陈、谢二公之绪，辑遗补艺，接其后事，勒成一书，鼎足而三之，俾后之人永永有所遵守，亦何异史家之例，创自子长，后有万年循而不改乎？虽郡国异制，作述异才，譬诸草木能无区别，然以一郡之书，援历朝国史之例，前者存其旧，后者增其新。无攘善之嫌，而有信而好古之美，此其守先待后之思，一室千秋之感。殆与史公异趣而同归矣。予无似窃与子珍有同志，故为之记，以告千秋之述古者。光绪壬午孟秋书于西江经训书院之不不菑畲斋。

三台名媛诗辑叙^①

陈一鹤

诗，天籁也，心声也，士大夫习而能之又精焉。至于可集，集且可传，亦弗之异。若闺秀工吟咏，则古今咸艳称之，一似难能可贵者，然顾《国风》一百六十篇，为诗所自出之祖，而半出于妇女。当时采风者，以辖轩得之，不复纪其姓名，故诗传而人不传。越汉魏六朝以来，女子以诗名者，乃代有传人焉。然代不数人，人不数篇，或仅传一二语，固未有专集，亦无汇集。三唐诗家空轶前后，女子工诗者亦多于前。李冶为最，薛涛次之。今四库中有薛涛李冶诗集二卷，盖合编成集，殆为闺秀诗集之防。若陈徐陵编次梁以前诗为《玉台新咏》十卷，虽皆缘情之作，或以为选录女子之诗，则前人已斥为臆说也。吾台文教肇于唐，历宋元明以迄昭代，诗足成家，久以专集行世者，指不胜屈，即闺秀专集亦尚存六七家。此外，零篇散什，类多雅管风琴，竞响骚坛，间时一出，特无以荟萃之。或人传诗佚，诗传名佚，为可惜耳。太平鹤泉戚先生刻《三台诗录》，以闺秀十余人另卷附末，搜辑故未备。吾邑黄君子珍，绩学邃古，著作等身，皆乡邦掌故，为书十数种，积卷百有奇，待梓久矣。兹复以其余绪成《三台名媛诗辑》五卷、《词》一卷，用厉氏《宋诗纪事》体例，少谦周君见而爱之，亟付手民，盖少谦亦尝从事急切而未就者也，实获我心，若自己出，其欣然任剞劂也固宜。鹤在褓，即随先大夫游宦豫章，年十七归，应童子试，嗣后应岁试、乡试、礼部试，无岁不舟车，视家乡如客邸，于乡里文献故茫然。近数年来，乃得稍稍事征考事，然已年老健忘，心目所至，过则弗为我

① 辑自黄瑞《治名媛诗辑》，光绪元年刻本，南京图书馆藏。南图藏本有缺损，今参胡文楷《历代妇女著作考》校补。

有则安得罄。子珍所著之书有如少谦者,悉为之梓,以供老眼之一快也。虽然,有用之书决无不传,有开必先,庸讵无继。光绪元年冬十有二月朔陈一鹤叙。

三台名媛诗辑题词
(黄瑞《三台名媛诗辑》)
王维翰

闽游曾谱荔支来,新咏无端证玉台。不是徐陵亦千古,嚼霞唾月总清才。

一样钱唐厉太鸿,好将旧例著诗筒。粉笺香墨从头录,都入华严色界中。

征刻台州金石录启
(黄瑞《台州金碌》)
王咏霓

金石之学,始于北宋,而大备于我朝。亭林文字之编、《寰宇访碑》之录,精博视欧、赵、洪、陈,实有过之。其专纪一方者,中州、山左、关中、粤东,各有成书,足资考订。矧以郡人自征掌故,详洽更何如耶?吾台碑目,始见于《舆地纪胜》,而无名氏《宝刻类编》尤多著录,千余年来渐就湮没,是以阮文达撰《两浙金石志》所采亦复无几。予友黄子珍茂才,博雅好古,尤留意桑梓文献,尝以纂修邑乘之余,辑《台州金石录》十八卷,大体仿王司寇《金石萃编》。而未见者,附存其目,以备搜访。洵艺苑之旧闻,乡邦之雅记也。先是临海郭石斋先生曾手录《台州金石》稿本未成(今其稿具载《台州述闻》中,案即《两浙金石志》采辑底本),惟洪筠轩明经客平津馆,时著读碑诸记,亦既风行宇内,流播不刊,是编一出,可与相抗。所愿词林丈人、文苑学士饮以朱提,寿之削氏,将令闻广誉,与金石并垂不朽。桑梓幸甚,文献幸甚。

《中国近现代稀见史料丛刊》已出书目

第一辑

莫友芝日记　　　　　　徐兆玮杂著七种
汪荣宝日记　　　　　　白雨斋诗话
翁曾翰日记　　　　　　俞樾函札辑证
邓华熙日记　　　　　　清民两代金石书画史
贺葆真日记　　　　　　扶桑十旬记(外三种)

第二辑

翁斌孙日记　　　　　　　　　翁同爵家书系年考
张佩纶日记　　　　　　　　　张祥河奏折
吴兔床日记　　　　　　　　　爱日精庐文稿
赵元成日记(外一种)　　　　　沈信卿先生文集
1934—1935中缅边界调查日记　联语粹编
十八国游历日记　　　　　　　近代珍稀集句诗文集
潘德舆家书与日记(外四种)

第三辑

孟宪彝日记　　　　　　　　　吴大澂书信四种
潘道根日记　　　　　　　　　赵尊岳集
蟫庐日记(外五种)　　　　　　贺培新集
王癸避难日志　辛卯年日记　　珠泉草庐师友录　珠泉草庐文录
嘉业堂藏书日记抄　　　　　　校辑民权素诗话廿一种

第四辑

江瀚日记　　　　　　　王承传日记
英轺日记两种　　　　　唐烜日记
胡嗣瑗日记　　　　　　王锺霖日记(外一种)
王振声日记　　　　　　翁同龢家书诠释
黄秉义日记　　　　　　甲午日本汉诗选录
粟奉之日记　　　　　　达亭老人遗稿

第五辑	袁昶日记	东游考察学校记
	吉城日记	翁同书手札系年考
	有泰日记	辜鸿铭信札辑证
	额勒和布日记	郭则沄自订年谱
	孟心史日记·吴慈培日记	庚子事变史料四种(外一种)
	孙毓汶日记信稿奏折(外一种)	《申报》所见晚清书院课题课案汇录
	高等考试锁闱日录	近现代"忆语"汇编

ᘓ⬬ᘐ　ᘓ⬬ᘐ　ᘓ⬬ᘐ　ᘓ⬬ᘐ　ᘓ⬬ᘐ

第六辑	江标日记	新见近现代名贤尺牍五种
	高心夔日记	稀见淮安史料四种
	何宗逊日记	杨懋建集
	黄尊三日记	叶恭绰全集
	周腾虎日记	孙凤云集
	沈锡庆日记	贺又新张度诗文集
	潘钟瑞日记	王东培笔记二种
	吴云函札辑释	

ᘓ⬬ᘐ　ᘓ⬬ᘐ　ᘓ⬬ᘐ　ᘓ⬬ᘐ　ᘓ⬬ᘐ

第七辑	豫敬日记　洗俗斋诗草	潘曾绶日记
	宗源瀚日记(外二种)	常熟翁氏友朋书札
	曹元弼日记	王振声诗文书信集
	耆龄日记	吴庆坻亲友手札
	恩光日记	画话
	徐乃昌日记	《永安月刊》笔记萃编
	翟文选日记	浙江省文献展览会文献叙录
	袁崇霖日记	杨没累集

第八辑

徐敦仁日记　　　　　　　　　谭正璧日记
王际华日记　　　　　　　　　近代女性日记五种(外一种)
英和日记　　　　　　　　　　阎敬铭友朋书札
使蜀日记　勉喜斋主人日记　浮海日记　　海昌俞氏家集
翁曾纯日记　瀚如氏日记(外二种)　　师竹庐随笔
朱鄂生日记　　　　　　　　　邵祖平文集